本书系2022年度山东省基础教育教学改革资助项目
人才贯通培养的研究与实践"研究成果。

依据最新课程标准 紧扣学科核心素养

中小学
实验教学
指导与创新案例

高中物理

中国教育装备行业协会 编

教育科学出版社

·北京·

出 版 人　郑豪杰
责任编辑　金　鑫
版式设计　郝晓红
责任校对　马明辉
责任印制　叶小峰

图书在版编目（CIP）数据

中小学实验教学指导与创新案例. 高中物理 / 中国
教育装备行业协会编. -- 北京：教育科学出版社,
2024. 6. -- ISBN 978-7-5191-3916-2

Ⅰ. G633

中国国家版本馆CIP数据核字第202415G9T3号

中小学实验教学指导与创新案例　高中物理

ZHONG-XIAOXUE SHIYAN JIAOXUE ZHIDAO YU CHUANGXIN ANLI GAOZHONG WULI

出 版 发 行	教育科学出版社				
社　　　址	北京·朝阳区安慧北里安园甲9号		邮　　　编	100101	
总编室电话	010-64981290		编辑部电话	010-64989276	
出版部电话	010-64989487		市场部电话	010-64989009	
传　　　真	010-64891796		网　　　址	http://www.esph.com.cn	
经　　　销	各地新华书店				
制　　　作	北京京久科创文化有限公司				
印　　　刷	河北鹏盛贤印刷有限公司				
开　　　本	720毫米×1020毫米　1/16		版　　　次	2024年6月第1版	
印　　　张	17		印　　　次	2024年6月第1次印刷	
字　　　数	214千		定　　　价	52.00元	

编 委 会

丛书主编

夏国明

丛书副主编

李梦莹

本书主编

刘　林　鲍亚培

本书编委

刘　硕　刘翠花　刘洪鑫

陈泓百　高守凯　李　孟

目录

第❷部分　实验教学创新案例 \ 045

第三部分　结语 \ 261

实验设计原则
与理论指导

第一章　科学教育视域下的中学实验教学

一　科学教育的使命

纵观人类历史，教育兴则国家兴，教育强则国家强。建设教育强国，是全面建成社会主义现代化强国的战略先导，是实现高水平科技自立自强的重要支撑，是促进全体人民共同富裕的有效途径，是以中国式现代化全面推进中华民族伟大复兴的基础工程。

2018 年 9 月的全国教育大会上，习近平总书记提出了"培养德智体美劳全面发展的社会主义建设者和接班人，加快推进教育现代化、建设教育强国、办好人民满意的教育"这一新时代我国教育发展的宏伟目标。

因此，拔尖创新人才的自主培养是加快我国社会主义现代化建设的决胜之本，强国建设是科学教育的必然使命。党的二十大报告提出，教育、科技、人才是全面建设社会主义现代化国家的基础性、战略性支撑，科技是第一生产力，人才是第一资源，创新是第一动力。教育是国之大计、党之大计，要坚持教育优先发展，建设教育强国，坚持为党育人、为国育才，全面提高人才自主培养质量。着力造就拔尖创新人才，聚天下英才而用之。在我们面临经济发展转型、科学技术"卡脖子"等问题的背景下，再次强调科教兴国和人才强国的重要意义。

要"加快建设国家战略人才力量，努力培养造就更多大师、战略科学家、一流科技领军人才和创新团队、青年科技人才、卓越工程师、大国工匠、高技能人才"，就要求基础教育要做好学生创新素养的培育。国务院《全民科学素质行动规划纲要（2021-2035 年）》，中共中央办公厅、国务院办公厅《关于新时代进一步加强科学技术普及工作的意见》（以下简称《意见》）指出，到 2025 年，科普服务创新发展的作用显著提升。到 2035 年，公民具备科学素质比例达到 25%，科普服务高质量发展能效显著，科学文化软实力显著增强，为世界科技强国建设提供有力支撑。

随着现在科技和人才竞争加剧，科技创新自立自强和人才自主培养成为当务之急。2023 年 2 月 21 日，习近平总书记主持中共中央政治局第三次集体学习时强调要切实加强基础研究，夯实科技自立自强的根基，要坚持走基础研究人才自主培养之路，要在教育"双减"中做好科学教育加法，激发青少年好奇心、想象力、探究欲，培育具备科学家潜质、愿意献身科学研究事业的青少年群体。

可见科学教育是实现科技创新、人才自主培养的主阵地，是加快国家战略人才建设的主要路径，在教育强国建设中发挥着基础性和驱动性作用。

二 实验教学的作用

基础教育承载着党的教育方针和教育思想，是科教兴国战略中重要的一环。2023 年 5 月 29 日，习近平总书记在中共中央政治局第五次集体学习时强调指出："建设教育强国，基点在基础教育""基础教育既要夯实学生的知识基础，也要激发学生崇尚科学、探索未知的兴趣，培养其探索性、创新性思维品质"。

就基础教育而言，科学教育是以自然科学的内容为主进行的教育教学活动，中小学科学、物理、化学、生物学、地理、信息技术、通用技术等学科是基础教育阶段实施科学教育的主要课程，既要为学生夯实基础知识，也要肩负着培养其探索性、创新性思维品质的任务。

科学教育的过程是学生学、教师教及两者互动的过程，目前在很多地区仍存在的问题是学生成绩高的背后表现出的低水平思维，原因是教师专注于学科教学而弱于跨学科和探究式教学，造成学生擅长双基知识的掌握却缺乏高阶思维的培养。

教育部等十八部门联合发布的《关于加强新时代中小学科学教育工作的意见》中提出，要推进学科建设，开展科学研究，改进教学方法。要以学生为本，因材施教，推进基于探究实践的科学教育，激发中小学生的好奇心、想象力和探究欲，培养学生科学兴趣，引导学生广泛参与探究实践，做到学思结合、寓教于乐，自觉获取科学知识、培养科学精神、提升科学素质、增强科技自信自立、厚植家国情怀，努力在学生心中种下科学的种子。要深化教学改革，提升科学教育质量。学校要按照课程方案开齐、开足、开好科学类课程，加强对学生有针对性的科学教育指导。实施启发式、探究式教学，提升作业设计水平，培养学生深度思维。探索项目式、跨学科学习，提升学生解决问题的能力。

在上述自然科学课程中加强实验教学能很好地落实相关要求，可以全面提高创新人才自主培养的力量，在实现我国高水平科技自立自强中发挥关键作用。以物理学科为例，在实验教学中教师带领学生发现问题、设计方案、处理数据、交流反思、解决问题，让学生不断经历探究实践的过程，培养学生的科学探究能力、科学的态度与责任，培育学生的科学家潜质。

第二章 高中物理课程性质和实验教学现状

一 物理学

中世纪末期，伽利略开创了"实验、物理思维和数学演绎"三者结合的科学研究方法，将物理学从古代自然哲学中分离出来，成为一门独立学科。

物理学具有求真、从善和臻美的属性，是自然科学领域的一门基础学科，研究自然界物质的基本结构、相互作用和运动规律。

物理学在观察与实验的基础上，建构物理模型，应用数学等工具，通过科学推理和论证，形成系统的研究方法和理论体系。

物理学对化学、生命科学、地球与宇宙科学等自然科学有着重要的影响，推动了材料、能源、环境、信息等科学技术的进步，促进了人类生产、生活方式的变革，对人类的思维方式、价值观念等产生了深远影响，为人类文明和社会进步做出了巨大贡献。

二 高中物理课程性质

高中物理课程是普通高中自然科学领域的一门基础课程，旨在落实立德树人的根本任务，进一步提升学生的物理学科核心素养，为学生的终身发展奠定基础，促进人类科学事业的传承与社会的发展。

高中物理课程在义务教育的基础上，帮助学生从物理学的视角认识、理解自然，建构关于自然界的物理图景；引导学生经历科学探究过程，体会科学探究方法，养成科学思维习惯，增强创新意识和实践能力；引领学生认识科学的本质以及科学·技术·社会·环境（STSE）的关系，形成科学态度、科学世界观和正确的价值观。

三 高中开展物理实验教学的意义

高中物理作为高中学习的重要学科，肩负着培养学生科学素养的重任。所谓科学素养，就是学生要具备崇尚科学、探索未知的科学兴趣，具有探索性、创新性的思维品质。

高中物理实验教学是高中物理课程的组成部分，是提高学生科学素养的重要路径，是提高学生创新意识、培养学生合作探究精神的关键环节。

在实验教学中，教师要引导学生自主设计、操作实验，培养学生的主动性和动手能力；引导学生在实验过程中相互配合，培养他们的协作精神和责任意识；在整理和分析处理数据的过程中，培养学生严谨务实的科学态度。

这些对探究能力和解决问题能力的培养，能够让学生在今后的成长中无论遇到什么问题，都能够准确地找到关键所在，进行合理地分析和猜想预测，并自主设计方案进行实践检验，最终得出解决问题的方法，从而落实科学素养的培养。

四 高中物理实验教学现状分析

（一）物理实验教学现状调查

传统的物理实验教学更重视教师的讲授、演示和指导，对学生在课堂上的主体作用有所忽视。为了全面了解中学物理实验教学情况，针对全国6个城市9所中学的330名中学物理教师进行了问卷调查和座谈交流。

参与调查的物理教师高度认可实验教学对物理教学的重要性，有开展实验教学的强烈意愿。其中 95% 以上的教师愿意或非常愿意通过实验开展物理教学，98% 以上的教师认为物理课程中开展实验教学是重要或非常重要的，这说明加强物理实验教学有很好的教师基础。

从反馈情况来看，学校实验室中学生必做实验所需器材的配备情况不容乐观，普遍存在实验仪器配备不齐、老化和破损严重的情况，仅有 26% 的学校物理实验仪器不仅配备齐全而且按时更新。这造成教师基本的实验操作技能不足，超过 30% 的教师不能独立完成所有的学生必做实验，7% 左右的教师仅能独立完成一半左右的学生必做实验，50% 以上的教师无法将教材中的演示实验全部演示给学生。

有 33% 的教师愿意用视频放映的形式展示实验过程，主观上不愿意动手演示实验或开展分组实验教学。这种开展实验教学的方式确实方便，但是学生参与度低，难以达到培养目标。

某些地区教学质量内卷现象严重，导致物理教师的关注点聚焦在班级的成绩上，不从落实物理学科核心素养的角度去设计课堂教学和实验方案，反而更重视平时考试中出现的考点。调查数据中发现超过 63% 的教师在实验教学中更注重落实研究问题的方法及蕴含的科学思想，15% 左右的教师更注重讲解实验原理，10% 的教师会强化操作步骤的规范教学，11.5% 的教师将实验教学的重点放到了考试的考点上面。

从课堂观察的角度来看，分别有 85% 和 76% 的教师发现学生最感兴趣的课堂实验教学形式是分组实验和演示实验；其次是播放视频，感兴趣的比例为 44%；对数字化模拟实验和网络仿真实验感兴趣的比例在 25% 左右。这反映出学生对物理学习的需求与《普通高中物理课程标准》中对开展实验教学的要求高度吻合，教师要引领学生认识科学的本质以及科学·技术·社会·环境（STSE）的关系，形成科学态度、科学世界观和正确的价值观，这都需要通过开展真实情境的实验教学才能逐渐实现。

朱正元教授提出的"'坛坛罐罐'能当仪器，拼拼凑凑可做实验"的教育思想，在新时代的实验教学条件下仍然具有现实意义，它映射出中学物理教师的创新意识和创新能力。从调查结果来看，有24%的教师能够尝试着利用生活现象或身边物品设计20个以上的创新实验，有45%的教师能设计10~15个。大部分教师会针对教材中的某一实验思考新的实验方案，设计新思路或新器材。接近50%的教师可以根据教材的内容自主设计、制作10个以上创新型实验器材。

传统实验技术和实验方案仍是实验教学的主流，参与调查的教师利用软件、传感器、多媒体技术进行实验展示和数据处理，数量在10个实验以上的比例达到45%。出现这种现象的客观原因是接近一半的学校没有配备数字化实验仪器或建设数字化实验室，许多学校在教研活动中也缺乏针对此类实验的技术研讨和培训。

调查中的学校普遍存在实验器材不齐和仪器老化、破损的现象，这无法保证实验教学的质量和数量。这种现状导致只有38.5%的教研组每学期能够开齐、开好《普通高中物理课程标准（2017年版2020年修订）》中要求的21个必做实验，在"您认为提升学校物理实验教学还需要加强哪方面工作"的调研中，有85.5%的教师提出要加强实验仪器的配备。可见这已经成为学校提升实验教学质量的最大障碍。同时也是造成40%的学校无法开设实验拓展小组，不能对有兴趣的学生开展课下实验指导的主要原因。

现阶段学校物理教研组对实验教学的重视程度参差不齐，实验教学的开展存在很大的随意性，只有35%的备课组在集体备课时会专门讨论实验教学方面的内容，28.5%的备课组会经常讨论实验教学。

通过座谈交流，教师还提出现阶段开展实验教学需要加强专家培训、实验方法指导、配备专职实验员、开展实验教学交流活动展示等建议。

（二）物理实验教学现状分析

调查结果反映出现阶段中学物理实验教学开展的现状和存在的问题，

这里从学校、教师、学生三个角度进行分析。

1.学校开展实验教学的现状分析

高中物理正在使用的新教材以提升中学生物理学科核心素养为目标，内容和呈现方式均遵从科学性原则，强调利用各种方式方法培养和发展学生的科学思维水平、科学探究能力及创新能力。所以在开展物理实验教学活动时要配备足够的实验器材并按时更新换代。

但限于资金或教育观念的制约，很多学校无法备齐物理实验器材。比如气垫导轨和光电门计时器单价较高，许多数字化仪器或传感器的配套软件需要厂家定期升级，还有一些学校会因为学生数量较多造成一次实验中所需耗材量较大等情况，这些都是制约学校配齐、配好实验器材的因素。另外，许多地区的教育主管部门或学校管理人员的关注点是学生成绩，对实验教学不够重视；学校没有配备专门的实验管理员，甚至没有兼职实验员，实验室的管理非常混乱，这也加剧了实验器材的损坏或丢失现象。

2.教师开展实验教学的现状分析

学校的现状对教师开展实验教学造成了实际困难，唯成绩论的教学评价导向也让部分教师缺乏实验教学的积极性。

许多教师在教学中存在重理论、轻实践的问题，实验教学观念陈旧，认为做实验意义不大，只要讲清楚实验考查的知识点同样可以让学生做好实验题，同样可以得高分；认为挤掉学生做实验的时间并将其用在习题讲解上，教学效果会更好。存在这种现象的主要原因在于学校的升学压力，平时主要利用分数评价教师的实验教学质量，造成教师在实验教学中不能以学生为主体，只重视教实验步骤和实验原理，忽视学生的自主观察和体验。这种陈旧的实验教学观念，又会传递到学生潜意识中，抑制了学生的学习积极性和探索精神，学生的创新精神和探究能力也得不到培养。

因为自身缺乏对实验教学的重视，许多高中物理教师在实验教学的设计实施过程中不会去仔细琢磨、研究实验教学的方法和手段，造成实验教学形式单一化的现象。比如在演示实验的教学中，有些教师仅仅要求学生观察一下，不会去利用质疑、提问的形式加强实验的探究；在学生分组实验中，教师只要求按照步骤会动手操作，记录好实验原理、实验步骤、误差分析就可以，这些落后的实验教学方法无法将实验课打造为强化学生实践操作、情境体验、探索求知、亲身感悟的主阵地，达不到国家教育发展目标对科学教育提出的高要求，更无法满足新时代中国特色社会主义发展建设对拔尖创新人才的需求。

教师实施实验教学的能力不足，有些教师不愿在课堂上做实验，怕实验不成功，课堂时间把握不了，遇到故障不能及时排除等；有些教师对学校仪器的情况不了解，课堂上经常不做学生实验或演示实验；有些教师对学生指导不够，造成学生实验的盲目性，一堂课过去学生也不知道从何下手；有些教师不能主动探索新型教学方式，无法跟上传统物理实验与现代新兴科技有机融合的潮流。实验教学模式得不到优化，使实验教学的趣味性和吸引力不足，也影响了实验教学质量和效果。

3. 学生实验学习的现状分析

学生操作素养不高。在很多物理分组实验教学的课堂观察中发现，教师通常先讲解实验原理，这时候学生的注意力往往被面前的实验仪器吸引，甚至只顾玩弄手中仪器，注意力不集中，造成预期学习效果无法达成。比如在讲解"探究两个互成角度的力的合成规律"时，橡皮筋、图钉、三角板等成为部分学生的玩具，结果学生从教师的讲解中获取的信息是碎片化的，等到动手做实验时无从下手、问题百出；分组实验中能动手的只有少数人，其他学生只看看实验现象，学生的实验操作能力得不到有效的培养锻炼。

还有部分学生在实验室中不能严格按照实验操作规范进行实验，如做"测量金属丝的电阻率"实验中开关闭合时进行仪器安装；使用多用电表测量后没有将开关拨到"OFF"挡或交流电压最高挡等。这些现象都需要教师在教学中以身作则，及时纠正，不断进行强化落实。

　　常规物理实验教学经常是教师把实验目的、内容、步骤详细而周密地安排好，有时甚至连结论也预先讲给学生。学生只需被动验证，结果使学生失去对实验的探究欲望，缺乏自主探究的精神，在学习中的创造性不足，对物理实验逐渐失去兴趣。

第三章　基于学科核心素养　开展物理实验教学

一　《普通高中物理课程标准》对高中实验教学的要求

我国一直非常重视物理学科的实验教学。自 1949 年新中国成立以来，国家历次颁布的物理教学大纲和物理课程标准中，都从物理课程的性质、理念、素养、目标等宏观层面提出了实验教学的总要求，更在课程内容、学业质量水平、教学与评价建议等微观层面规定了物理实验教学的具体范围和要求。

《普通高中物理课程标准（2017 年版 2020 年修订）》将物理课程目标从"三维目标"凝练为"核心素养"，将"科学探究"作为物理学科核心素养和课程目标之一，这标志着普通高中物理实验教学成为开展科学教育、培养科学素养的重要方式。2017 年版课程标准给出了高中物理的教学与评价建议，规定了五级学业质量水平，指出高中物理课程实施需要地方与学校的大力支持，这说明物理实验教学的开展对学校实验室的建设管理、教师教学和学生学习都提出了更高要求。

（一）对实验室建设和管理的要求

1. 重视实验室的硬件配置与建设

实验是物理学习的重要环节，是培养学生物理学科素养的重要途径和方式。物理实验室是学生探索物理规律、提高实验能力的重要场所。学校要根据学生人数按国家标准开设足够的专用实验教室，配齐配足实验器材。要根据国家有关规定，按标准配齐物理教学所需设施设备，在条件允许的情况下改进和提高物理实验器材的配备标准。

2.充分利用实验器材，强化学生实验和演示实验

物理实验是增加学生物理学习体验性的重要手段。学生实验是实践体验性最强的物理学习方式，它可以通过实验设计与动手操作、观察现象与记录数据、分析归纳得出结论等环节，全方位地培养学生的科学探究能力。学生实验是其他任何方式都无法替代的物理学习方式，要根据课程标准，最大限度地安排学生实验。演示实验是师生共同探究物理问题的学习方式，也是体验性较强的学习方式，教师要积极利用各种器材，创新实验方式，尽可能多地开发出可视性强、证据性强、能引起学生浓厚兴趣的演示实验。

3.积极创造条件，建立实验室开放制度

鼓励学生利用课余时间，以独立或小组合作方式，设计问题探究的实验方案，开展课外实验研究。

4.利用日常用品改进实验或开发新实验

实验课程资源不仅限于实验室的现有仪器和设备，日常用品、废旧材料也是重要的实验室资源。可利用日常用品和材料来替代实验材料，使实验现象更明显、直观，或者利用这些材料创新物理实验，开发出低成本、高质量的物理实验，使学生有更多动手做实验的机会，更多亲历实验演示的机会，更好地培养和发展学生的实验技能与创新实践能力。

5.要重视数字实验，创新实验方式

数字实验室系统是利用传感器、数据采集器等收集实验数据，用计算机软件分析实验数据并得出实验结果的现代化实验系统。数字实验系统是教育信息化发展的需要，更是学生创新能力培养的重要手段。利用数字实验系统可使很多难以测量或难以控制的实验得以顺利进行，也使很多实验的测量精度大幅提升。建议有条件的地区为学校专门创建数字化实验室，或引进供教师演示使用的数字实验系统。学校要重视引导教师研究数字实验系统对传统实验的改进方法，研究数字实验系统的教学方式，促进教学手段与方式的现代化。

（二）对教师教学的建议

高中物理教师应根据课程标准的基本理念、课程目标和物理学科核心素养的要求，结合教学的实际情况，创造性地开展教学工作，将物理学科核心素养的培养贯穿物理教学活动的全过程。

1. 基于物理学科核心素养确定教学的目标和内容

物理教学若仅以知识为线索展开，就会导致教学设计聚焦于知识，仅仅专注于学生知识的获得，而忽视物理课程对学生物理学科核心素养的培养。为此，必须把培养物理学科核心素养作为物理教学的重要目标，将"物理观念""科学思维""科学探究""科学态度与责任"这些物理学科核心素养的培养落实于教学活动中。

物理观念需要学生通过物理概念、物理规律等内容的学习及运用才能逐步形成和发展。学习概念和规律是学生形成物理观念的有机组成部分。在教学中，通过对物理概念和规律的逐步学习、系统反思和迁移应用，可促进学生的物质观念、运动与相互作用观念和能量观念不断发展，使其学会运用这些观念解释自然现象，解决生产生活中的实际问题。

发展学生的科学思维能力是重要的教学目标之一。建构模型是一种重要的科学思维方法，质点、点电荷、匀强电场等物理概念和匀变速直线运动等物理过程都是物理模型。教师在教学中要让学生体会建构这些物理模型的思维方法，理解物理模型的适用条件，能通过建构物理模型来研究实际问题。教师引导学生经历物理概念的建构和物理规律的形成过程，是发展科学思维的重要途径。例如，电场强度的教学，应创设不同试探电荷位于电场中不同位置的情境，让学生研究试探电荷所受静电力大小和电荷量的关系，概括静电力与电荷量成正比的特点，抽象出静电力和其电荷量之比与试探电荷无关的性质，明确这种性质可用来描述电场的属性，由此加强学生对电场强度概念的理解。学生在处理以上信息的过程中，经历了"比较—概括—抽象"的过程，发展了科学思维。再如，在关于"力的合成与分解""运动的合成与分解"的教学中，让学生经历把一个整体的事物分解为几个要素进行研究，以及把问题的几个要素结合成一个整体进行综合认识的思维过程，提高学生的分析与综合能力。教师要引导学生体会"等效"的物理思想，让学生在观察、实验的基础上通过科学推理和科学论证等得到结论，由此培养学生的科学思维。

科学探究能力的培养，应渗透在物理教学的整个过程。无论是物理知识的教学，还是物理问题的解决，都要引导学生发现和提出问题，根据解决问题的需要，收集和选择有用信息，基于证据和逻辑对问题做出合理解释，使学生具有准确表述问题解决过程与结果的意愿和能力。物理教学中要十分重视对学生的科学态度与责任感的培养。通过物理学习认识科学的本质，认识科学·技术·社会·环境（STSE）之间的联系，增强学生环境保护和可持续发展的意识，提升其社会责任感。应通过增加联系生活和现代科技的教学内容，创设生动活泼的课堂氛围，激发学生的学习热情，通过适当的难度要求让学生获得成功的愉悦，从而保持旺盛的求知欲；尽可能为学生交流创造机会，发展学生的表达能力，让学生体验和享受合作的成果；引导学生在物理实验中如实记录、客观对待所获取的实验数据，遵循基本的学术道德规范。

2. 在教学设计和教学实施过程中重视情境的创设

创设情境进行教学，对培养学生的物理学科核心素养具有关键作用。

物理概念的建立需要创设情境。学生在学习物理概念之前，基于生活经验形成了大量的经验性常识，要在此基础上建构物理概念，必须对所观察的现象重新加工，在诸多客观情境中概括事物的共同属性，抽象事物的本质特征，完成从经验性常识向物理概念的转变。在这个过程中，教师应促进学生科学思维的发展。例如，在自由落体运动的教学中，学生通常认为重物比轻物下落得快。针对学生的这种认识，教师可利用纸片和纸团等随手可得的生活用品创设各种物体下落的具体情境，分析得出空气阻力对物体下落快慢有影响；通过羽毛和金属片在无空气阻力的真空玻璃管中下落的实验，抽象出物体在真空中下落快慢的共同特征，形成自由落体运动的抽象概念。教学实践证明，在物理概念的教学中，关键是创设体现概念本质特征的情境，发展学生的科学思维。

物理规律的探究需要创设问题情境。学生从情境中发现和提炼问题，对问题的可能答案做出假设，并根据问题情境运用已有知识制订探究计划，选择符合情境要求的实验装置进行实验，获取客观、真实的数据，通过对数据的分析形成相关物理规律的结论。例如，在学习行星运动规律时，可利用木星的卫星便于观测且绕木星运行周期较短的特点，教师把每间隔一定时间拍摄的木星（连同多颗卫星）照片提供给学生，让学生从这些照片中分析不同卫星的运动周期，定量比较这些卫星绕木星做圆周运动的半径大小，对卫星做圆周运动的半径和周期的定量关系提出假设，并通过所测的数据检验或修正自己的假设，形成相关运动规律的结论。学生在活动中能真切感受科学探究过程，体会通过科学描述和解释自然现象的乐趣，进而提升对科学本质的认识，提高科学探究能力。

应用物理知识解决具体问题应结合实际情境。运用物理知识解决实际问题能力的高低，往往取决于学生将情境与知识相联系的水平。例如，能否把情境中的一段经历转化为一个物理探究过程；能否把情境的故事情节转化为某种物理现象；能否把描述情境的文字转化为物理表述；能否把情境中需要完成的工作转化为相应的物理问题。我们常说某个问题很"活"，其"活"的本质之一在于情境的转化，能不能把问题中的实际情境转化成解决问题的物理情境，建构相应的物理模型，这是应用物理观念思考问题、应用物理知识分析解决问题的关键。在物理教学中，应让学生获得在实际情境中解决物理问题的大量经验，形成把情境与知识相关联的意识和能力。

3. 重视科学探究能力的培养

在高中物理课程中，应注重科学探究，尤其应注重物理实验，这在培养学生的探究能力和科学态度等方面具有重要的地位。

在物理实验中，应发掘实验在培养学生发现和提出问题能力方面的潜在价值。教师可以在一些物理实验中创设情境，让学生在观察和体验后有所发现、有所联想，萌发出科学问题；还可以在实验中创设一些任务，让学生在完成任务中运用科学思维，独自提炼出应探究的科学问题。

应通过实验提高学生制订计划的能力。让学生学会把探究课题分解为几个相对独立的小问题，思考解决每个问题的不同方法，根据现实条件选择适当方法构思探究计划；学会从原理、器材、信息收集技术、信息处理方法等各方面形成探究计划；学会通过查询相关资料完善探究计划。教学中应尽量为学生提供制订探究计划的机会。

要避免让学生按教师或教材的既定步骤进行虚假"探究"，不应只把注意力集中在与探究假设相符的物理事实上，还需要观察和收集那些与预期结果相矛盾的信息。在处理信息时，应让学生依照物理事实运用逻辑推理确立物理量之间的关系，发展依据证据、运用逻辑和现有知识进行科学论证和解释的能力。

关于科学探究的交流和表达，应引导学生从以下两个方面提高表达能力：一是交流内容的组织，包括问题的提出、探究方案的设计、数据收集和整理、结论的得出及解释、存在问题的反思等；二是表达的形式，包括文字、表格、图像、公式、插图等，根据内容选择恰当的形式进行交流。教学中要为学生提供交流的机会，让学生准备有条理的讲稿，进行准确和富有逻辑地发言。应通过科学探究让学生体会科学研究中相互合作的必要性，除了在本实验小组范围内进行分工合作之外，还可以让不同的实验小组设计不同的实验方案，完成同样的探究任务，实现各小组之间的实验数据共享，感受合作在获取数据中的作用，增强学生的合作意识。

实验能培养学生的科学态度和科学精神，教师应培养学生严肃认真对待实验的态度。尊重实验结果与事实，杜绝编造和修改实验数据，并把实事求是的作风带到平时的学习和生活中去。

当今社会，信息技术越来越多地应用于生产生活。提高物理教学水平，发展学生物理学科核心素养，离不开信息技术与物理学习的融合。要设计各种学习活动让学生利用信息技术提升物理学习能力。例如，鼓励学生上网查询资料，了解感兴趣的科技动态或解决物理问题的实例；用数字实验或云技术平台解决一些用常规方法难以解决的疑难实验问题；利用手机等信息技术工具便捷地解决某些物理学习问题；等等。

4.通过问题解决促进物理学科核心素养的达成

应把物理课程中所形成的物理观念和科学思维用于分析、解决生产生活中的问题，在解决问题中进一步提高探究能力、增强实践意识、养成科学态度，促进物理学科核心素养的形成。

生产生活中有很多能生成有价值的科学探究问题的情境。例如，一名学生看见某工人沿着斜靠在墙上的梯子向上攀登时，担心梯子下端滑动而产生安全问题。他用力的平衡规律探究此真实问题，得出人在梯子上的位置越高梯子下端越容易滑动的结论。该学生进一步研究得出梯子安全倾角的大小与动摩擦因数的定量关系，这是一个对安全施工很有实用价值的结论。该学生研究时，把人视为质点，忽略梯子的质量、梯子上端与墙之间的摩擦力等次要因素，合理建构研究问题的物理模型，进一步考虑梯子质量等因素的影响，并形成结论。在解决该问题中，学生发展了科学思维，增强了实践意识。

许多大众传媒的报道、公共场所的公告等信息都跟物理知识有关，关心这些信息，有利于提高学生的物理学科核心素养。例如，某学生看见机场关于"严禁携带额定能量超过 160 W·h 的充电宝搭乘飞机"的规定，但不理解 160 W·h 的含义。一般充电宝（移动电源）的规格标注的是电荷量，单位是 mA·h，为什么该规定要以 W·h 为单位？学生仔细阅读机场公告的文字后领悟到，机场限定的不是充电宝的电荷量，而是充电宝的能量，W·h 的含义是瓦小时，160 W·h 相当于 57.6 t 的重物由静止下落 1 m 所具有的动能；若要判断常见锂电池充电宝的能量是否超标，须把它的电荷量乘以标注的额定电压（如 3.7 V）。学生对这些问题的思考，拓展了物理知识在实践中的应用，加深了对公共场所中有关信息的科学性认识。

教师应鼓励并引导学生基于物理学科核心素养解决生活中的问题。例如，在设计具体活动、制订工作计划时，让学生会分析影响问题的主要因素和次要因素，会把一个复杂的问题分解为若干个简单的问题，会思考事物间的因果关系等。

要从培养物理学科核心素养的视角审视习题教学的目的，应通过习题教学，使学生在科学思维、探究能力、实践意识、科学态度等方面得到有效提升。习题教学的作用不仅是为了得到答案，而且是要全面提高学生的问题解决能力。

（三）对学生学习的要求

如表 1 所示，物理"科学探究"核心素养分为"问题""证据""解释""交流"四个要素，每个要素都根据学生在不同情境中表现出的核心素养和关键能力划分了五级水平，不同水平之间具有由低到高逐渐递进的关系。

表 1

科学探究要素	对不同学业质量水平的要求
问题	具有问题意识 能观察物理现象，提出物理问题 能分析物理现象，提出可探究的物理问题，做出初步的假设 能分析相关事实或结论，提出并准确表述可探究的问题，做出有依据的假设 能面对真实情境，从不同角度提出并准确表述可探究的物理问题，做出科学假设

续表

科学探究要素	对不同学业质量水平的要求
证据	能在他人指导下使用简单的器材收集数据 能根据已有的科学探究方案，使用基本的器材获得数据 能在他人帮助下制定科学探究方案，使用基本的器材获得数据 能制定科学探究方案，选用合适的器材获得数据 能制定有一定新意的科学探究方案，灵活选用合适的器材获得数据
解释	能对数据进行初步整理 能对数据进行整理，得到初步的结论 能分析数据，发现特点，形成结论，尝试用已有的物理知识进行解释 能分析数据，发现其中规律，形成合理的结论，用已有的物理知识进行解释 能用多种方法分析数据，发现规律，形成合理的结论，用已有的物理知识进行科学解释
交流	具有与他人交流成果、讨论问题的意识 能撰写简单的报告，陈述科学探究过程和结果 能撰写实验报告，用学过的物理术语、图表等交流科学探究过程和结果 能撰写完整的实验报告，对科学探究过程与结果进行交流和反思 能撰写完整规范的科学探究报告，交流、反思科学探究过程与结果

二 深化物理实验教学改革，提升实验教学效率

传统的物理实验教学过于强调教师的演示、讲解过程，忽视课堂中学生的主体作用，实验教学的知识为各种考试服务。而从物理学科核心素养中可以看出，中学物理要培养学生的科学探究意识，让他们能在观察和实验中发现问题、提出合理猜想与假设，具有设计探究方案和获取证据的能力，能正确实施探究方案，能使用不同方法和手段分析、处理信息，描述并解释探究结果和变化趋势，能准确表述、评估和反思探究过程与结果，具有交流的意愿与能力。仅仅通过传统的实验教学，很难达到这些目的。

2019 年 6 月，国务院办公厅印发了《关于新时代推进普通高中育人方式改革的指导意见》，提出要通过创新教学组织管理，深化课堂教学改革，积极探索基于情境、问题导向的互动式、启发式、探究式、体验式等课堂教学，注重加强课题研究、项目设计、研究性学习等跨学科综合性教学，认真开展验证性实验和探究性实验教学。提高作业设计质量，精心设计基础性作业，适当增加探究性、实践性、综合性作业。这为创新实验教学方法、提高物理教学水平、构建科学高效的物理实验教学体系指明了方向。发展学生的学科核心素养是学科育人价值的集中体现，核心素养发展的最终目标是使每一个学生都可以获得适应终生发展和社会发展的共同素养，是关于学生知识、技能、情感、态度、价值观等多方面发展的综合体现，教师不仅要将知识传授给学生，更要让学生学习到将来需要的各项能力。

深化物理实验教学改革，教学中重视创设学生积极参与、乐于探究、善于动手、勤于思考的学习情境，重视培养和发展学生的自主学习能力，这在发展学生核心素养中会起到独特作用，能够为学生终身发展、应对现代和未来社会发展的挑战打下基础。

2019 年 11 月，教育部印发了《关于加强和改进中小学实验教学的意见》，对全面提高基础教育质量，加强和改进中小学实验教学工作提出了全面、具体的要求。

《关于加强和改进中小学实验教学的意见》的实施激发了一线教师和教研工作者的积极性，促进其主动深入研究实验教学，为中学物理实验教学的深化改革提供了必要条件。

第四章　物理实验教学理论概述

一　中学物理实验教学概述

学习物理的过程就是基于观察和实验，建构物理模型、形成系统的研究方法和理论体系的过程。从古希腊时期的自然哲学，到 17、18 世纪的经典物理学，再到近代的相对论、量子理论等，物理学始终引领人类对自然奥秘的探索，深化对自然界的认识。纵观物理学发展史，物理定律的发现，大部分都是以大量实验事实为基础，进行总结和验证得出的理论，如牛顿第一定律、气体实验定律、热力学第一定律等。近代物理的快速发展，更是得益于实验技术手段的创新发展，甚至在一段时期内出现了物理实验结果引领重大物理规律的发现和物理理论突破的现象。

中学物理以基本概念和基本规律为主干构成了一个完整的体系，而实验则对学生形成概念和认识规律起着重要作用。由此可见，物理实验教学是教授物理知识的重要手段，能帮助学生形成正确价值观、必备品格和关键能力，是学生通过学习养成优秀学习品质的重要途径，是中学物理教学体系的重要组成部分。

高中物理教师在物理实验教学中要有计划地为学生准备基本的实验环境和必要的实验仪器，创设实验情境和科学的探究任务，引导学生发现和提出问题，引领学生参与、经历物理概念的构建过程和物理规律的形成过程，锻炼学生的实验技能，发展学生的科学思维，培养学生的科学探究能力和科学态度。这将会降低物理知识的学习难度和复杂程度。

二　我国物理实验教学思想的发展

新中国成立以来，我国历次颁布的中学物理教学政策文件中都非常重视物理实验及其教学。在从传统的教育思想向现代化的教育思想转变的基础教育改革过程中，物理实验的教学地位不断提高。

改革开放以前，我国物理教育工作者就已经初步认识到物理实验教学的重要性。20 世纪 70 年代，苏州大学的朱正元教授就明确指出"物理，就是研究物理现象的道理，要讲清楚它的道理，必须就物说理"。这种将实验融入物理教学的思想，在一次次的教育改革中不断得到深化和细化。到 20 世纪 80 年代初，物理教育者发现，学生不仅要看"教师做实验"，也要"动手做实验"，通过动手实践，加深对物理规律的理解与掌握，提升物理学科素养。这在当时从客观上加大了学校对实验仪器的需求，基于此，朱正元教授提出"'坛坛罐罐'能当仪器，拼拼凑凑可做实验"的教育思想，指导中学物理教师想方设法自制教具开展物理实验教学，在一定程度上克服了当时仪器不足的困难，为学生自己动手做实验创造了有利条件，保证了物理教学的质量。时至今日，学校的教育技术装备发生了翻天覆地的变化，实验条件得到了极大的改善，实验方法得到了全面的优化。但朱正元教授的这一思想仍然发挥着积极的指导作用，越发凸显出独特的教育意义，更能提高学生参与学习的积极性和主动性，有利于促进学生的全面发展。

在 20 世纪八九十年代，我国物理教育工作者主要从物理学与教育学两方面对实验教学进行研究。针对实验教学在物理教学中的地位与价值，安忠和刘炳升在他们主编的《中学物理实验教学研究》中指出，物理学是一门以实验为基础的科学。物理学的实验基础、理论体系和研究方法，是现代科学和技术的基础，它们在学生智能结构的发展中将占有越来越重要的地位；不论从物理学的特点还是从教育学的观点来讲，实验互动都在实践—理论—再实践这一永不休止的对自然界规律的认识链条中起着不可替代的基础作用。这说明随着教育思想与教育方法的发展，我国的基础教育开始重视学生能力的培养，而物理实验教学在这方面的作用逐渐加强。阎金铎也在《中学物理教学概论》中提道，在物理学的研究中，运用实验的目的在于形成、发展和检验物理理论，并使理论在实践中得到应用。而在物理教学中运用实验的目的是给学生学习物理创造一个基本环境，使学生主动获取物理知识，发展能力，促进科学品质和世界观的形成。就物理方法而言，实验教学可以在一定程度上呈现科学的研究过程，通过创造真实的物理环境，让学生主动地探求物理知识，学习研究方法，进而使他们在接受科学知识教育的同时，得到科学方法教育。许国梁在《中学物理教学法》中指出，把物理实验仅仅作为一种教学手段或作为理论知识教学的辅助工具是远远不够的。物理实验在进行实验知识教学、技能教学和素质教学方面有其自身丰富的内容。因此，物理实验既是物理教学的重要基础，又是物理教学的重要内容。

21世纪以来，随着课程改革的不断推进，物理实验教学领域涌现出许多新的思想，与此同时，传感器技术、计算机技术、摄像摄影技术、多媒体技术等普遍提高了实验教学的效率，联系生活、联系社会和向现代科学技术开放也成了物理教学的重要方向，在很大程度上给物理实验教学带来了新的生机与活力，这些都对物理实验教学思想的发展产生深远的影响。

三 物理实验教学的理论基础

（一）建构主义理论

建构主义理论认为学习者都是以自己原有的经验系统建构自己的理解，这种建构是通过新旧知识经验之间双向反复的相互作用，通过同化维持认知结构的稳定和平衡，通过顺应重组或改造现有认知结构，达到一种新的平衡。教学中学生是认识的主体，是知识的主动建构者；教师是学生学习的辅导者，学习的高级伙伴与合作者，是学习环境的一部分。教学的最终目标是帮助学生进行意义建构，使学生对当前学习内容所反映事物的性质、规律以及该事物与其他事物之间的内在联系达到较为深刻的理解。

这种学习理论要求以学生为中心，学生由外部刺激的被动接受者和知识的灌输对象转变为信息加工的主体和知识意义的主动建构者，教师由知识的传授者、灌输者和呈现者转变为学生主动建构的帮助者和促进者。

（二）发生认识论

发生认识论认为认识起因于主客体之间，发生在主体和客体相互作用的过程中。皮亚杰通过对儿童在逻辑、数学和物理学上的认识和发展的考察进一步明确指出，人的认识是不断建构的产物，建构产生结构；结构不断地累积、交织并互相发生联系，最终从与生俱来的基本图式发展为较简单的结构，最后发展为复杂的结构，其建构过程则依赖于主体的不断活动，即主体与客体的持续不断的相互作用。他强调知识获得的唯一途径是动作，动作是获得知识的源泉和基础。他把动作分为直接作用于客体的基本简单动作和由简单动作组成的复杂动作协调组织。由这两种动作产生的经验分别称为物理经验和逻辑数学经验。他认为思维发展根源于主、客体相互作用的活动，经主体内化了的动作进一步协调而形成思维结构和认知结构。学生认识的发展过程也就是主体活动、动作内化及动作协调的过程，活动在从动作转变为概念化思维的过程中起着重要的中介作用。皮亚杰提出人的认知发展过程或建构过程中四个最核心的概念：图式、同化、顺应、平衡。在认知发展过程中，平衡是其关键的动力因素。平衡是指个体通过自我调节机制使认知发展从一个相对平衡的状态向另一种更高级的状态过渡的过程。需要指出的是，平衡状态不是绝对静止的，而是一种动态平衡。在认知过程中，若同化是成功的，认知就处在暂时的平衡状态；若同化是失败的，个体就无法在认知上处理这个新事物，认知就会出现失衡，失衡具有动力性质，它推动个体应用调节机制，以求达到新的平衡。通过这样一种"平衡→失衡→再平衡"的过程，个体的认知不断向前发展。

（三）"从做中学"理论

杜威的"从做中学"理论是从实用主义出发，强调的是教师引导学生紧密联系实际生活，通过探究活动来进行相关的分享和交流，学生面对学习中遇到的困难时，需要根据自身已具备的经验进行思考，分析如何把问题解决，在探究的过程中，学生自身的主动性、创新能力、动手能力都会得到相应强化。"从做中学"注重学生的"经验"在学习过程中的作用，学习需要从学生的天性出发，以活动和经验为中心，鼓励学生从自身经历的活动和有兴趣的活动中进行学习，使学生产生兴趣，满足学生的发展需要。杜威认为，学生只有主动去经历一切事物，获取的知识才是自己的知识，在教学中，教师是学生进行学习活动的"指导者、参谋、助手"，教师应该正确指导和激发学生，让学生自己解决问题。教育就是个体经验重组和改造的过程，也是提升个体经验和能力的过程，教育要充分发挥学习者的主动性，让学习者从被动变为主动，积极参与实践活动，丰富自身经验，从而增强学习者对不断变化的世界的适应能力。

（四）"合作学习"理论

"合作学习"是当今一种主流的教学理论方法，斯莱文对合作学习下的定义是：学习者在开展学习的过程中借助小组合作的方式进行探讨交流，并依据小组的研究成果，对小组进行相应的奖励或者评估的一种学习方式。不同的学者对合作学习有不同的定义，但共同点都是以学生为中心，以小组合作的方式进行。在开展合作学习时，教师要从增强学生学习兴趣和合作意识的角度出发进行相应的教学设计，分组时要考虑到学生的个人特点和前期知识的掌握情况，分组后教师要引导学生在小组内敞开心扉发言表达，通过团队的努力最终把问题解决。在这个过程中，学生之间相互沟通、相互帮助、相互学习，学生的知识得到了丰富，同时自信心、合作意识、学习兴趣也会得到提升。

（五）人本主义学习理论

人本主义学习理论强调尊重与主张人的"内部行为"，如人的情感、人的兴趣、人的差异性与人的完整性等，其目的是使人通过学习成为一个有意义且完整的人。因此，人本主义学习理论强调学习的自由性与自觉性，学生获得知识遵从自己的内心，会主动感知与理解世界，建构知识、形成技能和发展智力，以达到最高境界的自我发展。人本主义教学观强调以学生为中心的思想，注重体现人的主体地位。其代表人物罗杰斯认为，教育的目标就是促进学生变化，把学生培养成一个有意义且完整的人。他把这种能够使学生"内部行为"发生变化的学习称为有意义学习，反之是无意义学习。所谓有意义学习，不仅是获得知识的学习，而且是一种使个体的行为、态度、个性以及在未来选择行动方针时发生重大变化的学习，它促使学习者成为完整的人。他认为在教学中不仅要充分发展学生具有逻辑性的左半脑思维，注重学习活动的有序性和整体性；同时也要发展学生具有跳跃性的右半脑思维，注重学习活动的实质性与创造性。通过有意义学习使得学生的左脑和右脑得到共同发展，实现学生理智与情感、逻辑与直觉等思维的结合，最终促进学生成为一个有意义且完整的人。

第五章　高中物理实验教学的设计策略

一　高中物理实验教学的指导思想

加强和改进高中物理实验教学，进一步提高实验教学培养学生核心素养的功能性，有利于学生养成良好学习习惯、形成优秀学习品质，同时也是学生建构物理观念和科学思维方法的基础。实验教学更关注学生模型建构和问题解决能力的培养，重视学生科学思维和创新能力的提高。

（一）培养学生良好的学习习惯和优秀的科学品质

在物理实验教学中，养成良好的学习习惯和优秀的科学品质对提升学生的核心素养有重要意义。拥有好习惯是培养学生严谨的科学态度，形成系统的物理观念，提升自身思维与创新能力的根本保证。如在进行"探究两个互成角度的力的合成规律"实验中，通过引导学生主动动手操作、收集实验信息、规范作图、得出力的合成法则的实验过程，让学生养成善于观察、关注科学本质的学习习惯等。

优秀的品质是在探索实践中逐渐形成的，养成优秀的科学品质必须建立在科学实践的基础上。

（二）让学生在实验中建构物理观念和科学思维

物理实验教学的目的不仅是解决问题，更是让学生领悟实验里严谨、科学的思维逻辑，建构物理观念和科学思维。物理观念的完善是学生能真切感受物理思想方法的前提，科学思维的形成是解决问题的关键能力。学生只有清楚基本的实验原理，才能理解实验的奥妙，发展自己的物理核心素养。

（三）着重培养学生的创新能力

创新精神、创新能力是一个国家进步的动力，提高学生创新能力是发展学生核心素养的重要方面。实验教学中教师要鼓励学生勇于提出自己的见解，提出创造性的设计方案，并想办法将设想变成现实。物理实验教学要发挥这方面的天然优势，从实验的内容和方法设计中开始调动学生的兴趣，让学生愿意参与到实验中，观察现象、理解原理、处理数据，这些过程都能培养学生的创新意识和创新能力，使学生由感性认识提高到理性认识，从形象思维转变为抽象思维。

（四）提升学生的模型建构、问题解决能力

学生学习物理的过程是建构物理模型的过程，也是解决物理问题的过程。实验教学中要关注学生问题解决能力的培养，在教学设计和教学实施过程中重视问题情境的创设，让学生多动手实验，让学生体会到"发现"的成就感和"克服困难、解决问题、获得成功"的喜悦，从而提高学习物理的内驱力。

二　高中物理实验教学的实施原则

不同教师进行物理实验教学时方法不同，但在教学时都必须以提高学生的物理核心素养为目标，为确保教学目标和学生学习体验，物理实验教学的设计应遵循以下基本原则。

（一）探究性原则

教学中应鼓励学生进行自主探究和实验设计，通过实践和探索，深入理解物理概念和原理，培养学生的观察分析能力和科学探究素养。这就要求教师在实验教学的设计中将物理规律隐藏在较深的层次，将实验条件和结果之间的距离拉大，让学生通过提出假设并验证假设来寻找答案。这样，学生在解决问题的过程中不仅能形成一定的认知策略和技巧，同时也激发

了他们的潜力，帮助他们形成内在的学习动机。

探究性的意义在于能引起学生的认知冲突，从而促使学生能积极主动的建构自身的认知结构。

（二）趣味性原则

实验教学中要充分考虑学生的认知特点和心理水平，确保实验形式多样。生动有趣的实验设计能确保学生在实验探索时，一直保持很高的兴趣水平。

实验作为一种学习活动，不能依靠教师对学生的督促，而要通过设计实验本身来激发学生的兴趣，使学生从好奇出发，自觉自愿地参与实验探究活动。生动有趣的实验本身会使学生产生暂时性兴趣，而解决问题的探究过程和成功解决问题的成就感，又会使学生的暂时性兴趣转变为持久性兴趣，最终转化为学生的内驱力。

（三）渐进性原则

开展物理实验教学要求学生必须具备相应的背景知识和对实验探究抱有的积极态度，这就要求教学中的实验设计既要有挑战性，也要有适宜性。为了使学生的认知冲突达到最大化，实验教学要与学生的认知能力相适应，与具体的教学内容相联系，形成一个由易到难循序渐进、相互衔接的教学体系。在这一体系中将教学目标转化为一个个清晰的知识要点和能力要点，教学中采用不同的途径，引导学生用已有方法和技能去亲自发现新知，成为知识的探索者，同时也使学生的知识迁移运用能力得到增强。

（四）创新性原则

物理教学越来越重视学生知识的生成过程，除《普通高中物理课程标准（2017 年版 2020 年修订）》要求的 21 个必做实验外，高中物理教学中还有很多问题情境、探究过程、验证结论等需要通过实验开展教学，教师自己设计、制作的教具和随手取材的低成本实验，对于学生来说比较亲切、参与性强、简单明了，易于突出事物的本质。教师应该努力挖掘自制教具及其实验的兴趣点，在课堂引入、随堂实验、课后作业和课题研究中随时使用，发挥自制教具的教育教学功能。

（五）创造性原则

教师设计的实验要有一定的新颖性、先进性和实验性，运用创造性思维解析物理课堂知识，打破现有的实验方案，在特定的要求和条件下自行设计新的实验方案和实验步骤。这种设计灵活性较大，需要学生在掌握基本知识和基本技能的前提下富有一定的创造力，也是培养学生创造性思维的重要途径。

三　高中物理实验教学的设计思路

高中物理课程在促进学生物理学科核心素养的养成和发展的基础上开展教学，实验教学作为高中物理教学的重要手段，要遵循学生认知规律和学科特点，设计循序渐进的教学内容。

（一）确定教学目标

依据《中小学实验教学基本目录》中提供的 79 个高中物理基本实验活动，可以将实验分为观察实验、测量实验、探究实验、研究实验、验证实验。教师要根据教材确定实验目的，基于学科核心素养确定教学目标。如"观察波的干涉现象"实验，课标要求通过实验了解波的干涉现象，结合教材内容，可以将该实验的教学目标确定为：第一，通过观察水波的干涉现象了解波的干涉；第二，通过观察分析波的干涉条件，小组内讨论进行交流和评估，提高学生获取和处理信息的能力。

（二）确定实验类型

教师要根据课标要求和教学目标确定实验形式。

演示实验是通过演示的方式归纳教学知识，具有直观性和形象性，这种直观的感性认识可以给空间想象能力较弱的学生提供逻辑思维上的支持。

演示过程中教师要提出相关问题，让学生通过观察自己寻找答案，要借助各种实验激发学生的学习兴趣。适当的演示，有助于学生认识抽象的事物和理解抽象的原理，经过教师精心设计后，可以成为一种重要的探究学习方法。

分组实验可以引导学生经历知识生成的过程，更全面的培养学生的科学探究能力。记住物理基本知识并不意味着形成物理基本观念，学生只有经历物理规律的发现过程，在过程中去理解探究规律的思想、方法，才能真正形成物理观念，养成良好的科学探究习惯。分组实验需要几个人共同进行，这种模式也能培养学生合作交流的意识和能力。

（三）实验教学环节设计

1. 情境引入，设置问题

发现问题和提出问题，是实验教学的开端。以问题为核心，围绕问题激发学生学习的兴趣，就需要创设问题情境。教师可以选择不同的教学手段去创设问题情境，如用演示实验、图片、视频等展现和教学内容有关的物理现象，集中学生的注意力，激发他们的探索欲望。

2. 提出猜想，初步回答

猜想和假设是探究过程中的关键一步，是学生对于未知物理知识的初步看法。教师要引导学生对物理现象和事实进行分析归纳，得出合理的猜想。

3. 设计实验，锻炼思维

形成假设之后需要设计实验验证猜想和假设是否正确，要考虑用怎样的研究方法来验证，怎么设计实验方案，用什么方法处理数据，依据现有的资源选择最佳的解决办法。

4. 操作实验，收集证据

在保证安全的前提下，进行演示实验或分组实验，记录实验现象，收集实验数据。比如在进行"探究加速度与物体受力、物体质量的关系"实验中，由于课堂时间有限，教师要引导学生互相合作，指导学生正确的安装仪器、安装纸带，要让学生深刻理解实验原理，清楚地知道为什么这样做和怎么做，并能快速准确记录实验现象和实验数据。

5. 分析处理，论证解释

观察到实验现象，记录了实验数据后，要指导学生根据物理知识和物理规律，并结合数学知识找出物理量之间的关系，进而让学生运用文字准确地表述出结论，通过讨论、问答等形式向同学、老师表达自己的观点和结论。

6. 交流提升，反思巩固

交流应贯穿整个实验教学过程中，要让每个学生各尽其能，充分交流，形成集体的智慧去解决问题，结束时小组间可以交流各自的方案和出现的问题以及改进方法，在交流中相互学习，在反思中加深对知识的理解。

四　核心素养导向下的物理实验教学实践研究——以"曲线运动"为例

本文中"曲线运动"的新授课，选自人民教育出版社《普通高中教科书物理 必修 第二册》第五章"抛体运动"的第 1 节。《普通高中物理课程标准（2017 年版 2020 年修订）》给出"2.2.1 通过实验，了解曲线运动，知道物体做曲线运动的条件"。据此设计了教学目标为：第一，通过再现生活情境，知道曲线运动的瞬时速度方向，能运用极限思想理解瞬时速度的方向，并会在轨迹图上画出某点的速度方向。第二，通过分组实验，理解曲线运动是变速运动，知道物体做曲线运动的条件。第三，设计生活实践类习题，应用物理知识解决具体问题。

（一）真实问题情境是课堂教学和考试评价的需要

首先，问题情境是课堂教学的需要。《普通高中物理课程标准（2017

年版2020年修订)》指出，创设情境进行教学，对培养学生的物理学科核心素养具有关键作用。第一，学生在学习物理概念之前，基于生活和已有的知识，形成了大量经验情境，这是建构新的物理概念的基础。本节课在【探究一】中通过创设情境，对所观察的现象重新加工，概括共同属性，抽象出本质特征，在"概括"和"抽象"的思维加工过程中完成对曲线运动概念的建构。第二，物理学的发展是建立在实验基础之上的，实验是增加学生物理学习体验性的重要手段，是其他任何方式都无法替代的物理学习方式。本节课在【探究二】和【探究三】中创设了五个演示实验、五个分组实验，让学生经历探究曲线运动速度方向和物体做曲线运动条件的过程，以解决本节课的这两个重点问题。第三，运用物理知识解决实际问题能力的高低，大多取决于学生将情境与知识相联系的水平。本节课在【探究四】中给出了自行车这种常见的生活物品，引导学生把实际情境转化为解决问题的物理知识，体现物理学科的应用价值。

其次，问题情境是考试评价的需要。中国高考评价体系构建的"一核四层四翼"明确指出，情境是实现"价值引领、素养导向、能力为重、知识为基"综合考查的载体。以纸笔考试为主要考查形式的高考，情境化试题是命题的方向，试题的情境一定是建立在生产生活中的真实案例，是参照学生的实际认知水平，进行合理的简化或处理来设置的问题情境。日常教学中选取的物理习题情境也应该是贴近社会、贴近生活的素材，目的是鼓励学生关心日常生活、生产活动中蕴含的实际问题，思考课堂所学内容的应用价值。本节课用文字描述和展示示意图的方式，让学生设计自行车挡泥板的安装位置，并安排学生课后去商场、公共场所等实地观察各种自行车的构造和挡泥板的位置，收集证据，得出结论，能用准确的物理语言表达自己的观点，与同学们分享。

（二）问题情境的种类及功能

用于物理教学的问题情境主要来自自然现象、生产生活实践、科技前沿、物理学史、课程标准和教材、物理教学实验等。

自然现象和生活实践类情境，主要来源于学生在生活和学习中积累的经验，如彩虹、日食现象、体育运动类等情境。它们是学生建构物理概念的基础，有些是正确的，有些是错误的，也有些是模糊的。无论哪种情况，都需要通过物理教学引导学生重新加工，完成从经验性常识向物理概念的转变。

科技前沿和物理学史情境，主要来源于网络、书籍等各种信息源。科技前沿类的情境，主要是学生应用所学物理知识粗浅地了解科技发展情况及取得的成果，尤其是了解我国在航天领域的发展历程和成果，这样既可以培养学生的科学态度和科学精神，又可以增强学生的民族自豪感和社会责任感。学生通过了解物理学史类的情境，可以了解物理学的发展历程，引导学生立志投身于科学研究中。

课程标准、教材和物理教学实验，这是物理课程专家和教材编写者专门为学生的学习过程创设的情境。尤其是教学实验，让学生根据问题情境运用已有知识制订探究计划，选择符合情境要求的实验装置进行实验，获取客观、真实的数据，通过对数据的分析形成物理结论，对学生的认知水平的提高具有重要的作用。

（三）选择合适的问题情境

创设情境设计教学，对培养学生的物理学科核心素养具有关键作用。对于物理概念教学或者物理规律教学，要根据学生的认知规律，选择合适的问题情境，让学生在课内或课外充分体验，积累感性认识，为提炼升华成理性认识做铺垫。当教学内容与生产生活联系密切时，就可以让学生交流各自的生活体验、所见所闻，也可以通过网络收集图片、视频资料展示大到天体小到微观世界的情境。还可以利用实验室器材或自制器材，设计演示实验或分组实验，通过对比，有目的地引发学生的思考，从现象中总结提炼得出结论。

（四）基于真实问题情境的"曲线运动"物理教学设计片段

对于"曲线运动"这节课，大多数教师认为可讲的东西不多，一般会与其他内容合并，一带而过，这不利于学生形成曲线运动观念。同样，学生也认为本节课内容相对简单，且学生也具备一定的经验性常识，不太重视本节课的学习。但实际情况是，学生对曲线运动的速度方向和物体做曲线运动的条件认知水平比较肤浅，甚至是有些错误的前概念。本教学设计中创设了丰富多样的情境，有语言文字、符号、图表的描述，有图片、视频的展示，更有10个演示实验和分组实验，丰富学生的体验，且在实验操作的过程中，能有效促进学生模型构建、科学推理与论证等科学思维素养的发展，为后续学习抛体运动、圆周运动和天体运动等做好铺垫。

【探究一】什么样的运动叫曲线运动？

首先请学生列举生活中曲线运动的实例，其次以教材上的"问题"情境引入新课，展示日常生活中曲线运动的图片和视频。可选用游乐场中的摩天轮、立交桥上的车流情况，以及足球赛、篮球赛、运动员弯道赛跑、标枪、链球等体育比赛项目，还可选用"嫦娥五号""天问一号"的运动轨迹图片，展示我国航天技术领域的发展情况。借助所展示的实例，指出物体按照运动轨迹可分为直线运动和曲线运动，运动轨迹为曲线的运动叫曲线运动，并说明圆周运动是曲线运动的一种特殊情况。

设计意图：通过学生讲述生活实例以及教师展示图片和视频，丰富学生对物体做曲线运动情况的体验。其中选用了"嫦娥五号""天问一号"等我国航天科技的情境，在物理教学中植入学科德育的元素，增强学生的民族自豪感，培养爱国主义情怀，符合物理课程标准中立德树人育人的目标要求。教师提示"圆周运动是曲线运动的一种特殊情况"，运用了从简单到复杂、从特殊到一般的物理学的研究方法，也为后面的【探究二】，即探究曲线运动速度方向的得出过程埋下伏笔。

【探究二】做曲线运动的物体的速度有什么特点？

研究物体做匀变速直线运动规律时，物理学引入了位移、速度、加速度、时间、时刻等物理量。要研究物体做曲线运动的规律，同样也需要描述曲线运动的若干物理量，本节课选择率先研究曲线运动的速度，从速度的大小和方向入手。

1. 做曲线运动的物体的速度大小

问题 1：展示汽车仪表盘上的车速计图片（图 1）。如果图片恰好是汽车转弯过程中的指针情况，那转弯过程中的汽车的速度大小有无变化？

问题 2：通常情况下，汽车转弯要减速慢行，那汽车转弯时，车速计的读数如何变化？

图 1

设计意图：通过汽车转弯过程中车速计指针情况，说明做曲线运动的物体的速度大小可以变化也可以不变。通过转弯减速的教学设计，注入了生命安全教育的元素。

2. 做曲线运动的物体的速度方向

分为两步进行，先做定性探究，再做半定量探究。

第一步：定性探究

演示 1：绳拴海绵球，使之在竖直面内做圆周运动。突然释放绳，海绵球飞出。提示学生观察绳释放瞬间海绵球的运动方向。

演示 2：把矿泉水倒在撑开的伞面上，双手快速旋转伞柄，水滴从转动的雨伞边缘飞出。提示学生观察伞边缘的水滴在伞面旋转前后的运动方向。

演示 3：将玩具水枪朝着水平方向、竖直方向、与水平方向有任意夹角等方向发射。提示学生观察射出的水柱在空中的运动轨迹，只有当发射的方向在竖直线上时，轨迹才为直线，其他方向发射的轨迹均为曲线。

　　演示4：将白纸平铺在桌面上，陀螺放在白纸中央。陀螺在原地快速转动后，用滴管在陀螺边缘上滴红墨水。提示学生观察红墨水被甩出去的痕迹（图2）。

　　演示5：金属棒贴近高速旋转的砂轮。提示学生观察火星的喷出轨迹（图3）。

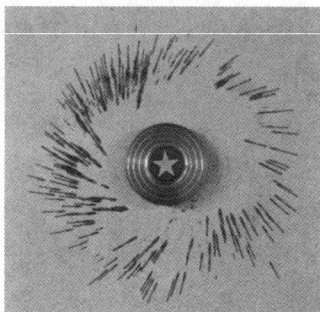 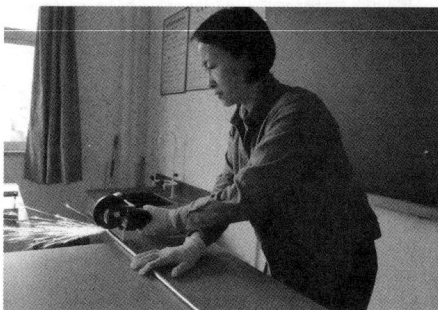

图2　　　　　　　　　　　　　　图3

　　学生活动设计：请学生到黑板上画出以上实验中海绵球、水滴、水柱、墨水和火星的运动方向。

　　教师启发学生思考：学生画出的每种情况下物体的运动方向，是大致的运动方向，还是精确的运动方向？如何画出精确的方向？

　　设计意图：通过实验和观察，让学生能定性判断物体做曲线运动的方向，猜测其速度方向沿曲线的切线方向。接着教师引导学生质疑运动方向是否确为切线方向。然后用半定量的实验探究方法，进一步探究曲线运动的方向。

　　第二步：半定量探究教学设计

　　（1）学生分组实验，寻找证据。

　　学生实验1：平铺白纸在桌面上，拼接圆形轨道（共由8块轨道组成，图4）。把小钢珠放在印泥盒子里滚几下，使小钢珠表面沾满印泥；将小钢珠紧贴圆轨道 1 内侧某位置，给其一个初速度，让它能沿着轨道内侧运动，观察小钢珠在白纸上留下的痕迹。

学生实验 2：拆除其中的 4 ~ 5 块轨道，保留 3 ~ 4 块（如保留 1 ~ 4 块，图 5）轨道。把小钢珠再放回到原来位置，给其一个初速度，让它能沿着轨道内侧运动并从轨道 4 末端脱离轨道，观察在白纸上留下的痕迹。

学生实验 3：只保留 2 ~ 3 块（如 1 ~ 2 块，图 6）轨道，再把小钢球放回到原来位置，给其一初速度，观察在白纸上留下的痕迹。

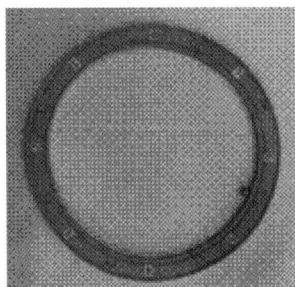 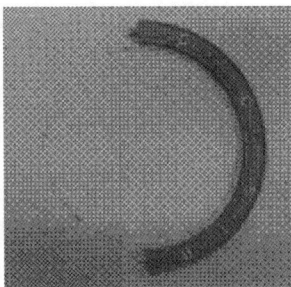 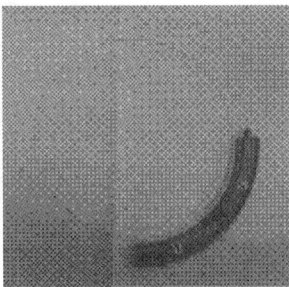

图 4　　　　　　　　　图 5　　　　　　　　　图 6

设计意图：设计分组实验，增强学生的亲身体验，丰富感性认识。圆轨道由 2 ~ 4 轨道组成，记录小钢珠脱离圆轨道后的运动轨迹。通过多次实验对比发现，如果做曲线运动的物体突然开始做直线运动，那么直线运动的方向和曲线运动轨迹末端切线方向可能是一致的。激发学生进一步思考和猜测：小钢珠每次脱离轨道之后的轨迹是否沿该圆的切线方向？怎样证实？

（2）学生验证猜想，得出结论。

先确定圆轨道的圆心位置。在学生实验 1 后，白纸上留下小钢珠的圆形轨迹，通过几何关系作图可以找到其圆心位置：任意作两条弦 AB、CD，分别作这两条弦的垂直平分线，其交点即为圆心 O（图 7）。

再通过作图，验证在学生实验 2 和学生实验 3 中小

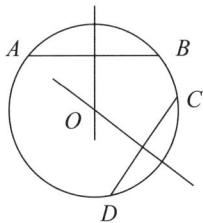

图 7

钢珠脱离轨道后的运动方向为切线方向。先标出小钢珠脱离轨道的点（假设为 B），连接圆心 O，OB 即为圆半径，用量角器量出半径 OB 与小钢珠在白纸上留下的直线痕迹间的夹角，看是否为 90°。于是学生得出结论：做圆周运动物体的速度方向为该点的切线方向。此处需要特别强调的是，因为实验中选取的圆周运动仅是曲线运动的特例，所以此处不能直接得出"做曲线运动的物体速度方向为该点的切线方向"。

设计意图：创设圆周运动这一特殊的曲线运动实例，引导学生借用数学方法先确定圆心位置，再通过多次实验，借用数学方法寻找"切线"的证据。从简单的圆周运动过渡到一般的曲线运动，让学生经历由特殊到一般的物理学研究方法，提高物理思维能力。

（3）教师引导，归纳推理。

圆周是一种特殊的曲线，一般的曲线可以看成由若干圆弧构成，每一段圆弧都是圆周的一部分。所以曲线运动可以看成由无数个圆周运动构成，曲线上每一位置的速度方向就是该点所在的圆周的切线方向，速度方向时刻在变化。于是得出结论：做曲线运动物体的速度方向为该点的切线方向，曲线运动是变速运动。

设计意图：由曲线运动到无数圆周运动的数学变化，帮助学生理解瞬时速度的方向为曲线的切线方向，让学生在学习物理知识的同时，也学会物理学的研究方法，即极限思想，这对学生思维能力的培养是有益的。

【探究三】如何使物体做曲线运动？

学生实验 4：按照图 8 放置两块轨道，把沾满印泥的小钢珠放在紧贴轨道 1 内侧的某位置，给小钢珠一个向右的初速度后，在轨道弹力作用下，沿着轨道 1 内侧运动，紧接着沿着轨道 2 内侧运动，轨迹为一条波浪线；小钢珠一旦离开轨道 2 后，便会沿离开点的切线方向做直线运动。

学生实验 5：如果小钢珠离开轨道 2 后，欲继续有波浪线的运动轨迹，就需要再加接一块轨道 3（图 9）。重复学生实验 4，可观察到小钢珠将在轨道 3 的弹力作用下继续沿波浪线运动。

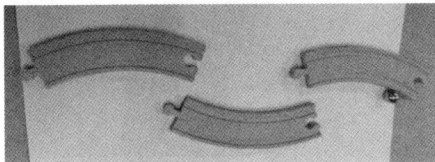

图 8

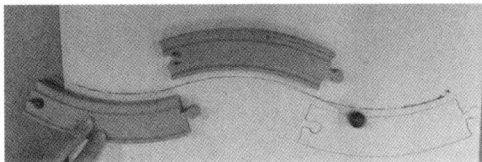

图 9

设计意图：通过小钢珠在 2 ~ 4 块轨道弹力作用下运动轨迹的对比实验，得出物体做曲线运动的条件，即物体受到的合力的方向跟它的速度方向不在同一直线上。

【探究四】设计自行车的挡泥板

要求：学生给自行车设计挡泥板。教师投影展示学生的设计图，请学生讲解自己的设计理念和依据。

设计意图：学生展示设计理念，教师提出要求，让学生课后到商场、超市观察各种自行车挡泥板的造型及安装位置，以检验自己的观点是否正确。通过选用生活实践类问题情境，引导学生注意观察生活中的现象，用所学物理知识解释、解决问题，体现物理学科教学的价值追求。

结语

在教学中，发现基于真实情境体验性的教学改进的确有利于学生主动参与课堂的学习。从人的认知规律来看，在物理课堂上重现生活情境，设计小实验，丰富学生的体验，是有利于学生接受和理解物理概念和物理规律的。《普通高中物理课程标准（2017 年版 2022 年修订）》已经实施多年，物理教师的教学理念转变情况决定了学科核心素养的落实情况，如果我们培养的学生能够学会用物理的眼光来观察世界，用物理的思维方式来思考问题，用物理的语言来表达自己的观点，那也就达到了物理学科育人的目的。

第二部分

实验教学创新案例

"验证动态平衡"实验教学创新案例

教科书版本及对应章节：人民教育出版社《普通高中教科书 物理 必修 第一册》第三章第五节

授课年级：高中一年级

设计人：内蒙古自治区包头市日民中学　张波

一　教材分析

　　动态平衡是人教版《普通高中教科书 物理 必修 第一册》第三章第五节共点力的平衡的重要内容，是"相互作用——力"这一章的拓展应用内容。教材将其安排在重力、弹力、摩擦力、牛顿第三定律以及力的合成与分解之后，是对整章内容的整合提升，使学生从对力的单一认识上升到力的综合应用，又能为接下来牛顿第二定律的学习做铺垫。动态平衡是共点力的平衡的重点内容，同时也是难点内容。

　　《普通高中物理课程标准（2017 年版 2020 年修订）》对本节的要求是能用共点力的平衡条件分析生产生活中的问题。

二　学情分析

　　学生的好奇心和求知欲比较强，学习兴趣浓厚。学生明确了共点力平衡的条件，基本上能够运用平行四边形定则来解决平衡问题，具有一定的逻辑思维和理论推导能力，但是学生科学探究过程的经历并不丰富，设计实验并顺利完成实验探究的过程对学生而言是一个挑战。

三 学习目标

1. 会用共点力的动态平衡规律解决实际问题。

2. 通过理论推导活结动态平衡与死结动态平衡，充分理解活结问题与死结问题，提高全面分析问题和推理的能力。

3. 通过实验验证活结动态平衡与死结动态平衡，加深对活结动态平衡与死结动态平衡的理解。

4. 通过小组合作实验探究，提升学生动手操作、收集数据、分析归纳的能力，养成与他人合作解决问题的意识，提高认真严谨的科学态度及探究创新的心理品质。

四 教学重难点

教学重点：活结动态平衡与死结动态平衡。

教学难点：活结动态平衡与死结动态平衡的理论推导与实验验证。

五 教学准备

教学法：小组合作。

仪器：活结动态平衡演示仪（图1），死结动态平衡演示仪（图2）。

图1

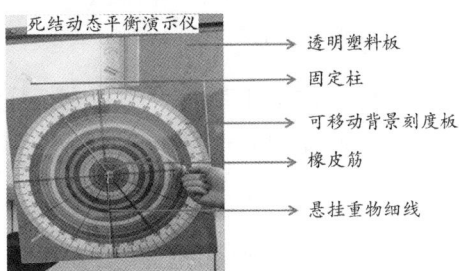

图2

(六) 教学流程图（图3）

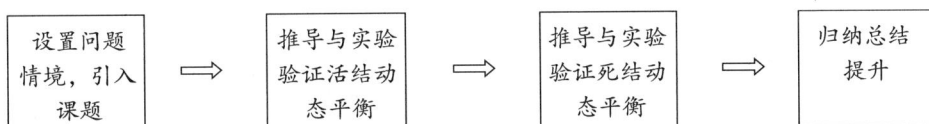

图3

(七) 教学过程描述

【情境导入】

（一）引入问题情境

图4

教师活动：

引入生活中最常见的晾衣架模型（图4），提出以下三个问题。

1.晾衣绳两边不等高是否会影响绳上拉力大小？

2.改变晾衣绳两边结点的远近是否会影响绳上拉力大小？

3.将晾衣架与绳子打成死结，改变绳子方向是否会影响绳上拉力大小？

设计意图：以学生熟悉的生活情境提出问题，激发学生的学习兴趣。

【新课教学】

（二）推导与实验验证

1.活结动态平衡

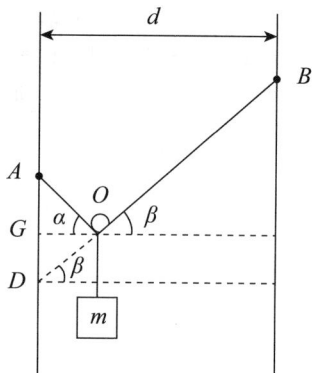

图5

学生活动：

将前两个问题简化成如图5所示活结模型，小组讨论进行理论推导。

根据活结问题同一根绳子上力大小相等，水平方向受力平衡可知 $T\cos\alpha = T\cos\beta$，所以 $\alpha = \beta$。

将 A 点对称到 D 点有 $\cos\beta = \dfrac{d}{L}$，此时 β 不变，可知绳子上拉力大小不变。

若将 B 点向左移动，由平行四边形定则可知，在竖直方向上有 $2T\sin\beta = mg$，由于 β 增大，所以 T 减小。

同理可得：当 B 点向右移动时，T 增大。

教师活动：

推导过程中很多学生对于 α、β 保持不变难以理解，脑海中存在疑惑，于是教师制作了活结动态平衡演示仪（图 1）让学生亲自通过实验来进行验证。

器材中，左边橡皮筋由水平调节拉链左端和标记点确定橡皮筋长度，右侧橡皮筋由同心圆确定长度。在学生实验过程中，调节竖直调节拉链时，通过标记点观察左侧橡皮筋的长度和方向变化；调节水平调节拉链时，通过同心圆观察右侧橡皮筋长度和方向变化。

设计意图：学生通过自己动手实验得到了和理论推导完全一致的结论，通过实验学生解开了脑海中的疑惑，加深对活结动态平衡的理解。

2. 死结动态平衡

学生活动：

将晾衣架与晾衣绳打成死结，简化成如图 6 所示的模型。

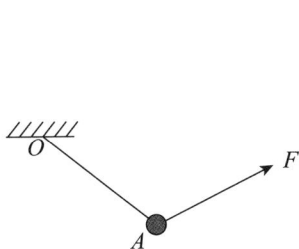　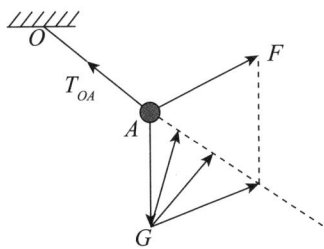　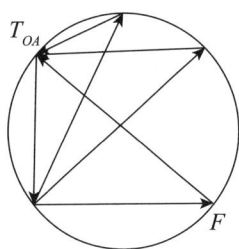

图 6　　　　　　　　图 7　　　　　　　　图 8

学生小组讨论进行理论推导：

（1）控制 OA 方向不变，改变 F 的方向，F 的大小与绳 OA 上拉力大小如何变化？

学生利用已学过的三角形定则，作如图 7 所示力的示意图。通过观察三角形的边长变化得出力的大小变化。

（2）控制 OA 与 F 的夹角不变，F 的大小与绳 OA 上拉力大小如何变化？

教师、学生活动：

学生在此问题的推导过程当中出现疑问——如何才能做到夹角不变？教师引导，根据圆中弦长所对应的圆周角不变，学生将力的三角形画在圆中，如图 8 所示。

学生通过观察三角形的边长变化得出力的大小变化。针对此种做法，学生提出，自己思考很难想到这个方法，能否直接用三角函数得出结果？教师引导学生进行第二种理论推导：利用数学上的正弦定理得出物理上的拉密定理，从而得到第二种理论推导方式。

如图 9 所示，根据拉密定理可得 $\dfrac{T_{OA}}{\sin\alpha}=\dfrac{F}{\sin\gamma}=\dfrac{G}{\sin\beta}$，学生通过观察角度变化即可得出力的大小变化。但学生很难自己思考出这两种理论推导方式。

教师活动：

为了让学生能更好地理解此种动态平衡，教师自制了一个死结动态平衡演示仪（图 2），让学生分组实验得出实验结果。

学生活动：

实验教具主要由透明塑料板和可移动背景板组成，实验过程中让同心圆的圆心时刻与橡皮筋结点重合，通过观察橡皮筋在同心圆上的位置确定橡皮筋长度的变化，进而确定力大小的变化。

图 9

在验证方向不变的动态平衡时，在透明塑料板上画一条直线与 OA 同向，改变 F 方向的时候让结点在此直线上移动确保方向不变；在验证夹角不变的动态平衡时，让两根橡皮筋时刻与背景板上的任意两条黑线重合来控制夹角不变。

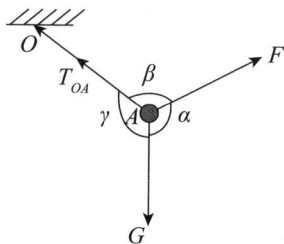

学生通过分组实验很快得到了与理论推导完全一致的结论，并且通过观察实验得出重力与一根橡皮筋垂直时，另外一根橡皮筋上的力达到最大。

设计意图： 通过实验验证死结动态平衡，加深对死结动态平衡的理解；通过小组合作实验探究，提升学生动手操作、收集数据、分析归纳的能力，养成与他人合作解决问题的意识，培养学生认真严谨的科学态度及探究创造的心理品质。

【学习收获】

通过本节课的学习，你有哪些收获？

1. 深刻理解了活结动态平衡与死结动态平衡。

2. 活结动态平衡演示仪拉链的使用实现了拉力位置的连续变化。

3. 死结动态平衡演示仪可移动背景板实现了力的动态观察。

4. 实验过程中观察橡皮筋长短即可，无须对力进行测量。

【作业布置】

1. 如图 10 所示，轻质不可伸长的晾衣绳两端分别固定在竖直杆 M、N 上的 a、b 两点，悬挂衣服的衣架挂钩是光滑的，挂于绳上处于静止状态。如果只人为改变一个条件，当衣架静止时，下列说法正确的是（　　）。

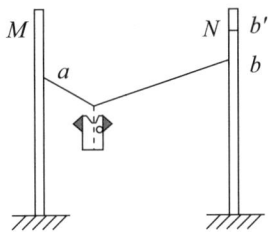

图 10

A. 绳的右端上移到 b'，绳子拉力不变

B. 将杆 N 向右移一些，绳子拉力变大

C. 绳的两端高度差越小，绳子拉力越小

D. 若换挂质量更大的衣服，则衣架悬挂点右移

2. 如图 11 甲所示，轻杆 OB 可绕 B 点自由转动，另一端 O 点用细绳 OA 拉住，固定在左侧墙壁上，质量为 m 的重物用细绳 OC 悬挂在轻杆的 O 点，OA 与轻杆的夹角 $\angle BOA = 30°$。图乙中水平轻杆 OB 一端固定在竖直墙壁上，另一端 O 装有小滑轮，用一根绳跨过滑轮后悬挂一质量为 m 的

重物，图中∠*BOA* = 30°（重力加速度为 *g*）。

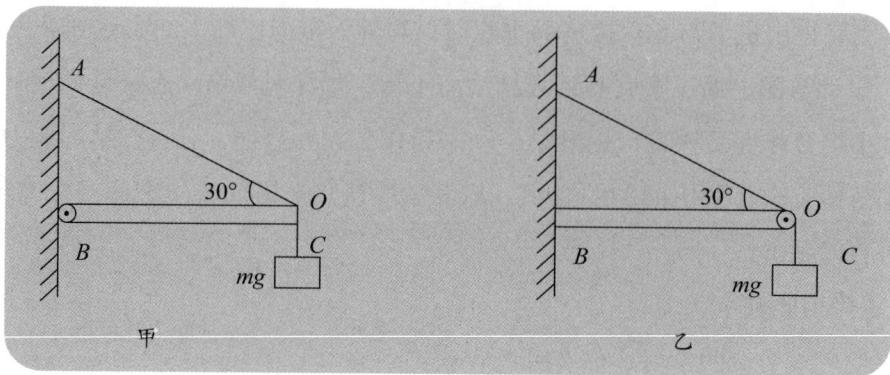

图 11

（1）甲、乙两图中细绳 *OA* 的拉力各是多大？

（2）甲图中轻杆受到的弹力是多大？

（3）乙图中轻杆对滑轮的作用力是多大？

3.针对实验过程中所遇到的问题能否对实验继续改进？

4.尝试用知识结构思维导图梳理本节课所学知识。

八 板书设计

第五节　验证动态平衡	
一、活结动态平衡	二、死结动态平衡

专家点评

《普通高中物理课程标准（2017年版2020年修订）》要求能用共点力的平衡条件分析生产生活中的问题。课堂应组织引领学生体会物理和生活的密切联系，培养学生将物理知识和方法运用到实践中的意识，提升解决实际问题的能力。在习题课上要重视通过创新实验，激励学生发展科学思维，增强实践意识。

本节实验教学案例的创新点是创制"活结动态平衡演示仪"，并用拉链连续改变拉力作用点的位置；创制"死结动态平衡演示仪"，并利用可移动背景板实现力的动态观察；实验过程通过观察橡皮筋长短来替代测量力的大小。实验器材比较普通，便于推广，且直观方便，有视觉冲击力，容易形成深刻的印象和记忆。理论推导与实验探究相结合，适用不同的心理认知类型。考虑到学生初次接触原创教具，教师也做了详细指导和介绍。教师有针对性地自制教具，攻克难点，形象、易见、易懂，效果显著。教师的这种体现物理特色、具有较强动手能力的创新实践精神，起到了表率和榜样的作用，必然会对学生起到巨大而深远的影响和激励。促进学生科学精神、科学态度、探究精神的发展。

本节实验教学案例的优点是张老师采用生活中最常见的情境——晾衣架引入课题，用"问题组"引导学生积极思考，推动课堂进程。同一素材（活结）改变条件之后形成另一情境（死结），这样的对比设置，更容易区分和理解易混淆、易困惑的问题。教学设计使用了常用的科学研究方法，即理论推演与实验探究（验证）相结合。动态平衡相对于静态平衡难度更大，对学生思维能力要求更高。在分析和解决这些问题，尤其是极值问题时，结合极限思维或者特殊值法，总结出基本的分析问题和解决问题的思路，落实函数法和矢量图法（特别是三角形法则的应用）。

　　本节实验教学案例的不足之处在于讲"死结平衡"部分时，直接面对的问题难度太大，缺少铺垫。改进方向是将本教学设计的【作业布置】第 2 题作为例题，为讨论后面的问题做铺垫。

　　讲授本堂课时需要注意：如果这是"动态平衡"的第一节，建议从回顾初中滑轮知识引入，从"活结"与"死结"的解释开始，先定义"活结"与"死结"，再多次改变角度，通过理论分析与实验验证，建构该模型的基本物理特征及结论。

"超重和失重"实验教学创新案例

教科书版本及对应章节：人民教育出版社《普通高中教科书 物理 必修第一册》第四章第六节

授课年级：高中一年级

设计人：黑龙江省绥化市实验区第一中学 刘畅

一 教材分析

教科书中将"超重和失重"以单独一节的形式呈现出来，注重学生在学习超重和失重过程中的体验，强化应用牛顿运动定律分析超重和失重过程的方法。

教科书中的案例让学生站在体重计上做下蹲动作并观察体重计示数的变化，引发疑问，强调学生的参与、体验与思考。在学生开展活动之前，教科书帮助学生明确了两种常见的测量重力的方法，为学生后续利用体重计寻找超重和失重产生的条件，进一步理解超重和失重搭建了平台。在"超重和失重"中，教科书引导学生利用牛顿运动定律对体重计上的人进行分析，并根据体重计的示数与重力的关系，介绍了超重现象和失重现象。教科书在"思考与讨论"栏目中将体重计示数的变化图像化，并引导学生分析从体重计上"站起"过程中超重和失重的情况，加强了学生的分析过程。通过"做一做"栏目和所给的例题，再一次体验超重和失重的过程，强化了牛顿运动定律的应用。教科书最后提出了超重和失重现象在许多领域中都有所应用，引导学生通过多种方式进行进一步的学习。

二 学情分析

学生在日常生活中对超重和失重是有所感知的，并且也会通过我们国家太空授课等视频了解到失重现象，但是对于超重和失重的实质并不清楚，也不能很好地解释日常生活中有关的超重、失重现象。

三 学习目标

1. 建构超重和失重的物理观念，理解产生超重和失重现象的条件，进一步建立起运动和相互作用观念之间的联系。

2. 通过感知生活中超重和失重现象，学会对实际情境建构模型，用科学的方法解决实际问题。提升分析、思考、解决问题能力和交流、合作能力。

3. 经历探究产生超重和失重现象的条件的过程，学习科学探究的方法，进一步学会应用牛顿运动定律解决实际问题。

4. 培养学生对实验现象的仔细观察、认真分析的科学态度。培养合作精神，训练表达交流、科学探究的能力，提升对科学的兴趣和热情。

四 教学重难点

教学重点：知道超重和失重现象的概念；超重和失重的产生条件；会分析解决超重和失重的实际问题。

教学难点：经历在电梯升降过程中感受到的超重和失重过程，观察并体验超重和失重现象，探究产生超重和失重现象的原因，学会应用牛顿运动定律解决实际问题的方法。

五　教学准备

（一）实验一：自制超重和失重演示仪

实验器材：铁架台、力学轨道小车、塑料盒、电子秤、无线摄像头、细线、铅块、支撑架、润滑油。

（二）实验二：探究超重和失重的产生条件

实验器材：手机、透明塑料盒、重物、红笔、白色胶布、弹簧测力计、双面胶、手机壳。

（三）实验三：拓展实验

实验器材：铁架台、力学轨道小车、塑料盒、电子秤、无线摄像头、细线、重物、重物盒、硬纸盒、支撑架、润滑油。

六　教学流程图（图1）

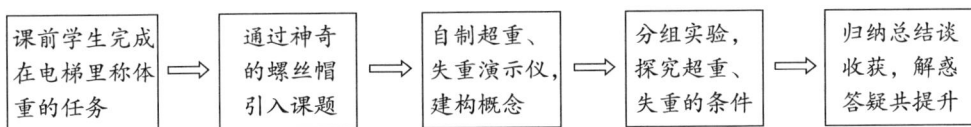

课前学生完成在电梯里称体重的任务 ⇒ 通过神奇的螺丝帽引入课题 ⇒ 自制超重、失重演示仪，建构概念 ⇒ 分组实验，探究超重、失重的条件 ⇒ 归纳总结谈收获，解惑答疑共提升

图1

七　教学过程描述

【情境导入】

1.课前实践环节：学生分组，每组准备一个体重计，让学生利用课余时间录制实验视频，在垂直升降电梯里完成称体重的任务。

2. 课堂引入环节：神奇的螺丝帽（图 2）

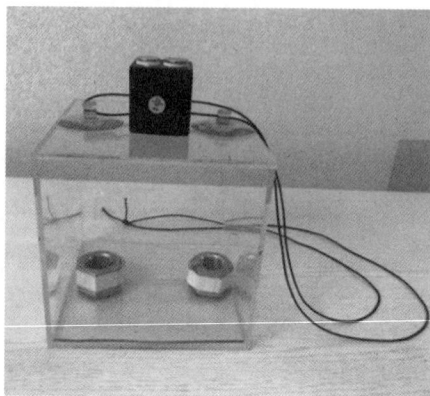

图 2

【新课引入】

3. 创设情境，建构概念：通过自制的超重和失重演示仪演示箱体向上加速和向下加速过程。（图 3）

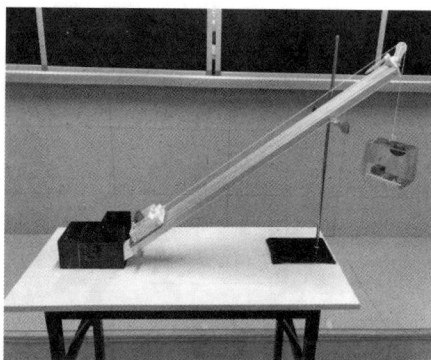

图 3

4. 实验探究环节：探究产生超重和失重的条件，学生分小组实验，进行合作探究。

（1）学生站在体重计上完成下蹲和起立，并用手机慢动作摄影功能拍摄体重计的示数变化，从而得出结论。（图 4）

（2）学生将重物挂在弹簧测力计上，让它上升和下降，并用手机慢动

作摄影功能拍摄弹簧测力计的示数变化情况。（图 5）

改进实验：利用一个透明的塑料盒，将测力计和手机固定，这样整个装置在运动过程中手机和测力计保持相对静止，让装置上升和下降，并用手机慢动作摄影功能拍摄弹簧测力计的示数变化情况，进而得出结论。（图 6）

（3）将重物挂在传感器上，手持传感器上升和下降，并结合实验所得图像，得出结论。（图 7）

5. 以例题的形式提出问题，引导学生用牛顿运动定律的知识得出结论。展示学生研讨结果并总结结论。

演示实验：完全失重现象。用探究环节中的弹簧测力计的改进实验装置演示自由落体运动。（图 8）

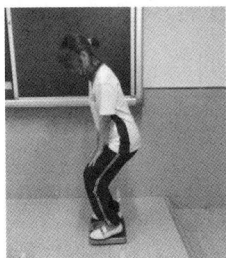　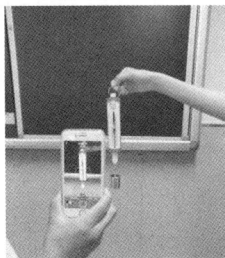　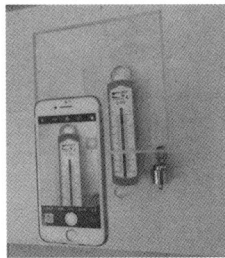

图 4　　　　　　　　图 5　　　　　　　　图 6

　　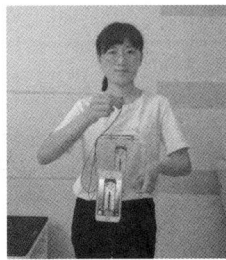

图 7　　　　　　　　图 8

6. 学以致用，拓展提升

应用一：解释"神奇的螺丝帽"实验的物理现象。

应用二：谈谈生活中的超重和失重现象。

拓展提升

任务一：通过本节课的学习，很容易让学生产生误解，只有在竖直方向做变速运动的物体才会有超重和失重现象。通过设置问题让学生思考并课后进行自主探究。（图9）

任务二：请每位学生做小小实验员，课后做有关超重和失重的小实验。

第一小组的学生实验器材是皮筋毽球，完全失重状态下的毽球是什么样子的呢？三位同学分别让毽球做自由落体运动、竖直上抛运动和斜抛运动，为了看得清晰，我们看一下利用慢动作功能拍摄的效果。（图10）

第二小组的学生根据引课中"神奇的螺丝帽"实验的启示，将系有橡皮筋的螺丝帽换成了蹄形磁铁，我们看到实验效果非常棒。（图11）

第三小组的学生利用传感器和胡克定律的实验装置做了这样一个精彩的实验，金属圈所在的位置是挂上重物后，物体静止时指针所指的位置。用它来做一个参考，我们来看一下向下拉动钩码后的实验现象。（图12）

图9

图10

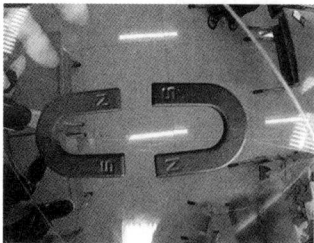

图11

图12

【学习收获】

1.通过本节课的学习,你有哪些收获?

(1)学习了什么是超重与失重。

(2)通过小组探究,得到超重和失重的产生条件。

2.解释课前电梯里体重的变化原因。

3.尝试用知识结构思维导图梳理本节课所学的知识。

【作业布置】

课下学生开动一下自己的大脑,利用身边的简易器材,设计实验验证一下物体完全失重时物体对支持物的压力(或悬挂物的拉力)为零,另外需要大家把这节课的课后习题完成。

八 板书设计

第六节　超重和失重	
一、重力的测量 1.$G=mg$。 2.利用力的平衡条件对重力进行测量。	二、超重和失重 1.当加速度方向向上时,物体发生超重现象。 2.当加速度方向向下时,物体发生失重现象。 特例:当 $a=g$ 时,物体发生完全失重现象。

专家点评

　　《普通高中物理课程标准(2017年版2020年修订)》要求通过实验,认识超重和失重现象,建议通过各种活动,体验超重与失重,知道产生超重和失重的条件。物理实验教学不仅给学生提供了丰富的物理事实材料,使学生更好地理解物理概念和规律,更重要的是通过物理实验教学激活学生的思维,培养他们的创造力。

本实验教学案例的创新点是刘畅老师利用手机的慢动作拍摄功能，开发出一组具有可视化和实时化的演示仪，将"动"转化为"静"；制作方便、成本低廉、原理简单、现象明显、容易记录，便于模仿、推广。使用力传感器，以及传感器与弹簧的组合来探究复杂运动情况下的超重和失重，精确性更好，可以获得出人意料的课堂效果，以往在课堂上难以完成的实验也变得清晰可见。

本实验教学案例的优点是课堂选择贴近生活常见的超重和失重现象，从生活中来，到生活中去，安排学生深度参与实验之中，增强了学生的参与意识，让学生有切身体会；同时也安排了一些思考和探讨的话题，加深学生对超重和失重的理解，注重知识获取和建构的过程。在学生经历体验、观察现象、解释原因、了解应用、交流感想的过程中，培养学生的观察能力和分析推理能力，开阔学生的眼界和思路，激发学生的学习热情与学习兴趣。在课堂结尾处不忘回扣引入环节的素材，检测学生所学情况，并且予以拓展提升，显示了教师饱满和开放的思维能力。

本节实验教学案例的不足之处是某些细节的表达和说明不够详细具体。比如课堂引入环节应指出两螺丝帽之间连有拉紧的橡皮筋，以及如何操作才能观察到"神奇"的现象等。其他需改进的是在板书设计完超重、失重和完全失重的概念之后，应注上 $F_N>G$，$F_N<G$，$F_N=0$。

讲授本堂课时需要注意：应多展示几组手机拍摄的数据（变化对比）、传感器记录数据（图像）和照片截图（毽球形状）等。

"利用自制教具探究运动的合成与分解" 实验教学创新案例

教科书版本及对应章节：山东科学技术出版社《普通高中教科书 物理 必修 第二册》第二章第一节

授课年级：高中一年级

设计人：福建省莆田市第二中学 黄佳雯 陈剑峰 林萍

一 教材分析

本节课是直线运动与曲线运动的桥梁，对学生的能力要求较高。着重 要解决的问题是让学生建立起运动的合成与分解的思想，并用来处理简单 的平面运动，为平抛运动的研究打好基础。本节内容是学生在学习较简单 的直线运动后从定量研究直线运动规律进入定量研究曲线运动规律的转折 点；虽然学生已经知道曲线运动的运动特征和受力特征，但是升级为二维 运动后，对学生的物理思维能力和数学应用能力的要求有了进一步的提升。

通过对比各版教材我们发现：鲁科版和沪科版 教材以"小船渡河"为例，直接将合运动分解 为互成直角的分运动，强行的分解方式缺乏说 服力，不利于学生对抽象概念的理解。

在本节课的实验现象演示方面，J21049 运动合成与分解演示器（图1）属于中学必备

图1

仪器，然而教材和教师用书中均未提及，实践发现其存在诸多不足。首先，仅通过磁性笔的运动轨迹，无法获得合速度与分速度的大小，直接把学生"引导"到运动的合成遵循平行四边形定则，结论说服力不足；其次，利用橡胶皮带转动，易打滑，无始末限位，很难得到较为理想的轨迹；最后，装置功能单一，只能演示互成直角的两匀速直线运动的合成。

二 学情分析

通过大量实践调查发现，该阶段的学生中 55% 数学基础薄弱，对于矢量的运算和分析能力不足，无法灵活运用矢量运算解决曲线运动。96% 的教师选择"照本宣科"，没有使用 J21049 仪器，更没有进行定量探究，造成学生对运动的合成与分解的感性认识过于浅薄。所以，仍有 68% 的学生不能较好区分合运动与分运动，对两者间独立性、等时性和等效性仍存在疑问。但学生已掌握了力的合成与分解的研究方法，会测量和计算合运动与分运动中的基本物理量，这给本创新实验教学做了良好的铺垫。

三 学习目标

1. 建立合运动、分运动的概念，知道何为合运动，何为分运动；理解合运动与分运动的独立性、等时性、可逆性和等效替代性。

2. 理解运动的合成与分解是研究复杂运动的一种方法。明确问题研究的方法，学会将曲线运动分解为直线运动。学会运用平行四边形定则来处理简单的矢量运算问题。

3. 通过实验探究，明确具体问题中对于合运动与分运动的判定，理解合运动的效果与几个分运动的效果相同，体会运动的合成与分解符合平行四边形定则。

4.体会与感受运动的合成与分解的过程，培养学生的分析与数学应用能力。利用小组合作探究，培养学生勇于表达和运用科学语言严谨表达的能力。

四 教学重难点

教学重点： 通过实验探究完成运动合成与分解知识的构建，理解运动的等效性。

教学难点： 理解通过运动的分解来研究复杂运动的物理思想。

五 教学准备

PPT、学案、教师自制运动的合成与分解演示仪（图2）。教师自制运动的合成与分解演示仪包含：x、y 铝合金双轨，轨道夹角调节器，涂有UVC感光变色粉的透明有机玻璃坐标板，嵌入式单片机控制电路，步进电机驱动器，电机控制软件，定时继电器，滑块，激光笔等。

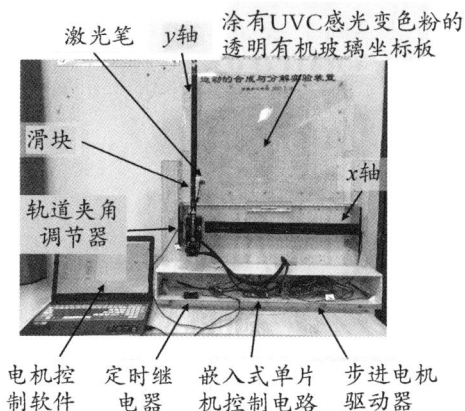

图2

（六）教学流程图（图3）

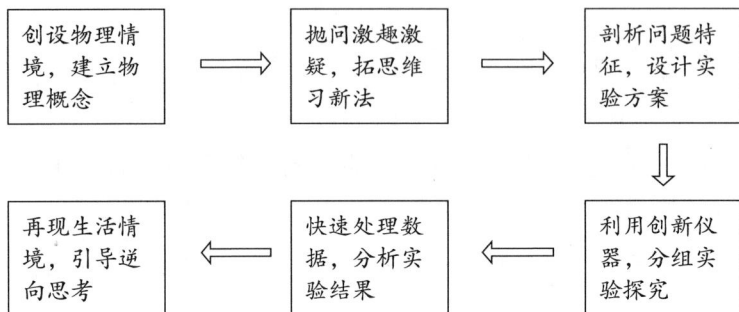

```
┌─────────────┐      ┌─────────────┐      ┌─────────────┐
│创设物理情    │      │抛问激趣激    │      │剖析问题特    │
│境，建立物    │ ===> │疑，拓思维    │ ===> │征，设计实    │
│理概念        │      │习新法        │      │验方案        │
└─────────────┘      └─────────────┘      └─────────────┘
                                                 ‖
                                                 ∨
┌─────────────┐      ┌─────────────┐      ┌─────────────┐
│再现生活情    │      │快速处理数    │      │利用创新仪    │
│境，引导逆    │ <=== │据，分析实    │ <=== │器，分组实    │
│向思考        │      │验结果        │      │验探究        │
└─────────────┘      └─────────────┘      └─────────────┘
```

图3

（七）教学过程描述

【新课引入】

（一）创设物理情境，建立物理概念

通过观看趣味视频"乌龟在跑步机上跑"，引导学生利用一维坐标进行处理，即乌龟的实际运动是两个运动在同一直线上的合成，一是静止在跑步机上的运动，二是参与了跑步机的运动，进而引出合运动、分运动的概念。

（二）抛问激趣激疑，拓思维习新法

播放电影《湄公河行动》和《战争中的世界》中相关片段，引导学生思考警察在救援的过程中参与的运动是何种运动，飞机投弹时怎样才能精准无误地击中目标。围绕问题，展开小组交流，同时讨论这些物体的运动与之前所学的运动有何异同之处，并进行发言。

【新课教学】

（三）剖析问题特征，设计实验方案

当一维坐标已经不能满足问题解决的需求时，引导学生利用二维坐标来研究合运动与分运动的关系，并向学生简要介绍电机运行控制软件（图4）的使用方法，让学生自主设置速度和加速时间参数，进行分组实验探究。

图4 电机运行控制软件界面

（四）利用创新仪器，分组实验探究

1.探究一：互成直角的两个匀速直线运动的合成。

（1）组装好设备并打开软件，调整好速度，先让滑块沿 x 轨做匀速直线运动，独立运行，采集数据。

（2）然后让滑块沿 y 轨做匀速直线运动，独立运行，采集数据。

（3）最后让滑块沿 x、y 轨同时运行，采集数据。

（4）直接在坐标板上进行数据处理。

2.探究二：互成任意角度的两个匀速直线运动的合成。

（1）组装好设备并打开软件，调整好速度，使 x、y 轨成任意角度，先让滑块沿 x 轨做匀速直线运动，独立运行，采集数据。

（2）然后让滑块沿 y 轨做匀速直线运动，独立运行，采集数据。

（3）最后让滑块沿 x、y 轨同时运行，采集数据。

（4）直接在坐标板上进行数据处理。

3.探究三：探究初速度为零的匀加速直线运动的合成。

（1）设置参数，首先让滑块独立沿 x 轨做初速度为零的匀加速直线运动，采集数据。

（2）然后让滑块独立沿 y 轨做初速度为零的匀加速直线运动，采集数据。

（3）最后让滑块沿 x、y 轨同时运行，采集数据。

（4）直接在坐标板上进行数据处理。

（五）快速处理数据，分析实验结果

引导学生建立二维坐标系并定量计算滑块合速度、分速度等，小组各派两名代表上台对数据进行分析与结论总结。

1.**分组探究一结论**：通过构建平行四边形（图5），发现合位移、合速度的理论值与实际值几乎相等。因此，合运动与分运动满足矢量关系，符合平行四边形定则，互成直角的两匀速直线运动的合成仍是匀速直线运动。

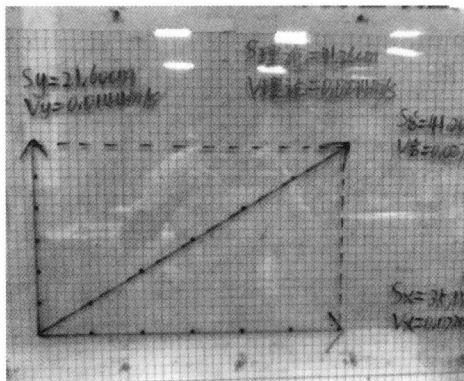

图5　探究一：互成直角的匀速直线运动的合成

2.**分组探究二结论**：通过构建平行四边形（图6），测量两轨道的夹角，发现合位移、合速度的理论值与实际值几乎相等。因此，合运动与分运动仍然遵循平行四边形定则，互成任意角度的匀速直线运动的合成仍是匀速直线运动。

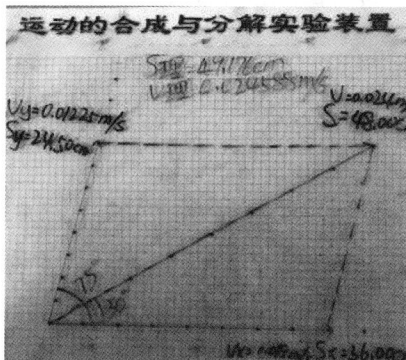

图 6 探究二：互成任意角度的匀速直线运动的合成

3. **分组探究三结论：**通过构建平行四边形（图 7），发现合位移、合速度的理论值与实际值几乎相等。因此，运动的合成满足平行四边形定则，两个互成直角的初速度为零的匀加速直线运动的合成仍是匀加速直线运动。

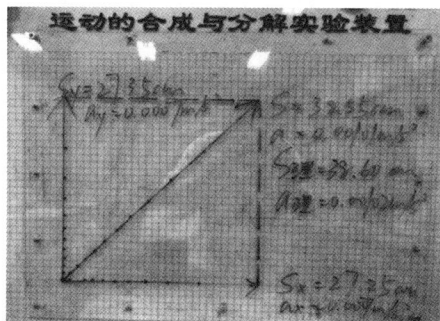

图 7 探究三：互成直角的初速度为零的匀加速直线运动的合成

4. 引导学生对三个实验探究结果做进一步分析，得出结论。

（1）合运动所需时间和对应的每个分运动时间相等，即运动的等时性。

（2）物体同时参与几个分运动，各分运动独立进行，互不影响，即运动的独立性。

（3）合运动和分运动的作用效果相同，即运动的等效性。

（六）再现生活情境，引导逆向思考

1. 以"小船过河"的实例引导学生由船的实际运动来体会分运动，类比力的分解方式，并**提问**：运动的分解过程中分运动与合运动之间是否仍满足以上三种关系？

2. 验证匀加速直线运动的分解中合运动与分运动的关系。

（1）让滑块沿 x、y 轨同时匀速运行，采集数据。

（2）调整轨道角度，让 x、y 轨相互垂直，根据运动分解的等时性，让滑块沿 x 轨独立运行，采集数据。

（3）让滑块沿 y 轨独立运行，采集数据。

（4）直接在坐标板上进行数据处理。

3. 实验**结论**：分解后的分运动与实际的两次分运动相互吻合，则两次的分运动都是匀速直线运动，说明分运动与合运动仍然满足等时性、等效性和独立性。

【学习收获】

1. 通过本节课的学习，你有哪些收获？

（1）知道了什么是合运动和分运动，理解了合运动和分运动之间的等效替代关系。

（2）认识到运动的合成与分解是研究复杂运动的一种方法。明确了问题研究的方法，学会将曲线运动分解为直线运动。

（3）认识到运动的合成与分解符合平行四边形定则。

2. 解释引入课题时的问题"飞机投弹如何才能精准的击中目标？"

3. 尝试用知识结构思维导图梳理本节课所学知识。

【作业布置】

1. 某趣味物理实验中，在水平桌面上从桌子一角 A 向 B 发射一个乒乓球，一同学在桌边试着用一支吹管将球吹进球门 C，AB 垂直于 BC，如图 8 所示，该同学在 B 处将吹管对准 C 用力吹，但球没有进入球门。于是该同学调整了实验方案，你认为可能成功的是（　　　）。

A. 用更大的力在 B 处吹气

B.将吹管向左平移适当距离

C.将球门 *C* 沿直线 *CB* 向 *B* 点移动一小段距离

D.将吹管绕 *B* 点顺时针转动 90°，正对着 *A* 吹气

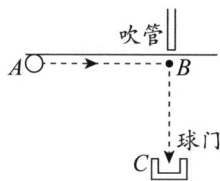

图 8

2.拓展延伸：匀速直线运动与匀加速直线运动的

合运动是否还是直线运动？课后利用该教具进行验证。

八 板书设计

第一节　利用自制教具探究运动的合成与分解	
一、运动的合成与分解 1.运动的合成：知道分运动求合运动的过程。 2.运动的分解：知道合运动求分运动的过程。	二、实验：探究运动合成与分解的规律 1.互成直角的两个匀速直线运动的合成。 2.互成任意角度的两个匀速直线运动的合成。 3.探究初速度为零的匀加速直线运动的合成。

专家点评

　　教师能够发现运动合成与分解演示器不能获得理想的轨迹，不能得到任意时刻的分速度、合速度关系等学生关心的问题，针对存在的诸多不足，自制运动的合成与分解演示仪获得理想的教学效果。课后探究作业布置合理：基于学生在课堂上探究了两分运动分别为两个匀速直线运动或两个匀加速直线运动后，为了使学生的物理思维能力和实验操作能力进一步提升，教师布置了课后探究作业，一个分运动是匀速直线运动，另一个分运动是匀加速直线运动，其结果如何呢？使探究的问题更深入，使学生在课后有持续的物理学习，并为下节课"抛体运动"做好准备。

自主实验，激发动机。本实验探究由学生自主设置参数，有利于激发学生的探究欲望，可探究任意角度、多种运动状态下的合成，学生积极主动地开展实验，参与实验的热情高涨。

整合技术，融会贯通。改进后的装置不仅让实验内容更加丰富和严谨，也使学生更好地理解与运用运动的合成与分解，实现了传统仪器无法实现的教学功能，诠释了本节的重点，突破了本节的难点。教学设计充分展示信息技术与物理实验的高效融合，让学生亲身经历科学探究过程，感受物理思维的重要性，体会将复杂问题简单化，培养学生终身学习的能力，促进学生全面发展。

本节实验教学案例对实验教具的精心设计和运用，能够引领学生针对想要探究的实验目标，设计实验操作过程，提升学生科学探究中提出物理问题、设计实验与制订方案、获取和处理信息、基于证据得出结论并做出解释的学科素养，养成动脑动手解决问题的科学学习方法。

在实际教学中可以把本实验的设计与人教版教材中采用的蜡块实验仪器相结合，对蜡块在水平方向运动进行设置也可以有比较好的实验效果。

"探究加速度与力、质量的关系"实验教学创新案例

教科书版本及对应章节：教育科学出版社《普通高中教科书 物理 必修第一册》第四章第二节

授课年级：高中一年级

设计人：四川省绵阳中学　张为敏

一　教材分析

　　"探究加速度与力、质量的关系"一节安排在"牛顿第一定律"之后、"牛顿第二定律"之前。"牛顿第一定律"是对力与运动关系的定性表述，而"牛顿第二定律"是对力与运动关系的定量研究，是牛顿力学的重点内容。教材引导学生从牛顿第一定律出发，提出探究加速度与力、质量关系的必要性，并从实验思路设计、物理量的测量、实验过程和数据分析几个方面引导学生完成探究。实验的基本思路并不困难，因此整个教学过程应该更加重视让学生体会探究的实质：提出科学问题、设计实验方案、解决实验中遇到的问题、多种方法处理数据、基于实验数据得出结论，培养学生探究、交流、评估、反思的能力。

二　学情分析

知识基础：

1.通过"牛顿第一定律"的学习，学生已经知道了物体的加速度与力、

质量有关。

2.通过利用打点计时器和逐差法求加速度的学习，学生掌握了加速度的测量方法。

3.学生了解实验探究的基本步骤，具备一定的实验设计和探究能力。

心理特点：

高一年级的学生好奇善问，对于物理实验中所展示的各种现象具有浓厚的兴趣，有探究其本质的意愿。

认知困难：

学生对牛顿运动定律理论内容比较容易接受，但是在具体应用和认知上较为片面，迫切需要深入理解规律，弥补已有知识在处理相关问题时的缺陷。

三 学习目标

1.初步形成运动与相互作用的观念，应用物理观念理解力与运动的定量关系。

2.会运用控制变量法、图像法等进行实验探究和数据处理，能够从实验数据中分析加速度与力、质量的关系，提高科学探究能力。

3.通过"探究加速度与力、质量关系的实验方案设计""依照物理事实结合逻辑推理确立物理量间的关系""运用逻辑推理和现有知识进行科学论证"等环节，丰富科学思维。

4.用生活中的物品做物理实验，加强物理知识与生活的联系，激发学生的探究兴趣，同时在实验中体会探究过程的科学性和严谨性，加强合作意识。

四　教学重难点

教学重点：加速度与力、质量关系的探究过程。

教学难点：从实验数据中分析加速度与力以及加速度与物体质量的关系；理解钩码重力充当物体所受合外力的实验条件。

五　教学准备

1. **教材原始实验器材**：电火花计时器、纸带、小车、轨道、电子天平、钩码、刻度尺、细线、白纸、笔、电源。（图1）

图1

2. **创新实验器材**：气垫导轨、滑块、无线拉力传感器、智能手机、电子天平、笔记本电脑、钩码、细线、白纸、笔、电源。（图2）

图2

六 教学流程图（图3）

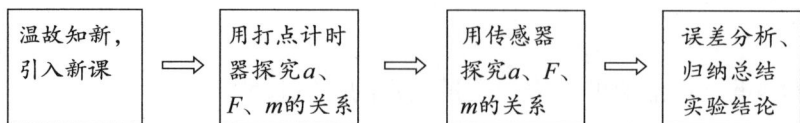

| 温故知新，引入新课 | ⇒ | 用打点计时器探究a、F、m的关系 | ⇒ | 用传感器探究a、F、m的关系 | ⇒ | 误差分析、归纳总结实验结论 |

图3

七 教学过程描述

【新课引入】

温故知新，引入新课

学生在之前的学习中已经掌握了测量加速度的方法，并对力与运动的关系有了一定的认识。因此引入环节，以"问题串"的形式回顾旧知的同时，引导学生初步形成实验探究思路。问题设计如下。

问题1：根据牛顿第一定律，什么是改变物体运动状态的原因？

问题2：根据牛顿第一定律，质量的大小对物体状态的改变是否有影响？有怎样的影响？

问题3：我们知道描述物体运动快慢的物理量是速度，那么速度变化的快慢通常用哪个物理量来描述？

问题4：加速度与力、质量之间存在怎样的定量关系呢？

【新课教学】

（一）通过打点计时器探究加速度与力、质量的关系

1.设计实验方案

教师活动：设计递进式问题，引导学生完成实验器材的选择和实验方案的设计。问题设计如下。

问题1：加速度与物体的受力和质量都有关系，实验中选用什么方法

进行探究？（控制变量法）

　　问题 2： 如何构建一个能够研究加速度与力、质量关系的物体运动过程？如何测量这些物理量？（打点计时器和纸带测量加速度；天平测质量；钩码重力充当合力）

　　问题 3： 小车所受合力等于钩码的重力吗？（小车还受摩擦力）

　　问题 4： 能否平衡掉摩擦力呢？如何操作？（将轨道一端垫高，使小车的重力沿斜面向下的分力与摩擦力平衡，直到纸带上打出的点迹间隔均匀，如图 4 所示）

图 4

　　问题 5： 平衡摩擦力后小车所受合力等于钩码重力吗？如果不等于，在什么条件下可以认为近似等于呢？（只有在小车质量远大于钩码质量时，钩码重力才能近似等于小车所受合力）

　　学生活动： 小组讨论交流，根据问题串完成实验方案的设计。

　　2.学生分组完成实验

　　目的： 探究加速度与力、质量的关系。

　　仪器： 电火花计时器、纸带、小车、轨道、电子天平、钩码、刻度尺、细线、白纸、笔、电源。

　　结构： 如图 5 所示组装实验器材。

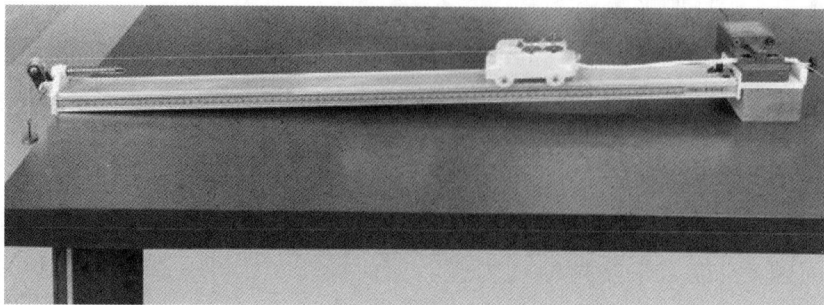

图 5

操作： 平衡摩擦力后将钩码挂在细线上，保持小车质量不变，改变钩码的个数以改变小车所受的拉力，测量加速度，完成表1；保持钩码个数不变，即保持小车所受的拉力不变，在小车上加放钩码改变小车质量，测量加速度，完成表2。

学生活动： 分组实验，记录数据。

表1（质量一定，探究加速度与受力的关系）

F/N					
$a/(\mathrm{m \cdot s^{-2}})$					

表2（合力一定，探究加速度与质量的关系）

m/kg					
$a/(\mathrm{m \cdot s^{-2}})$					

数据处理： 采用图像法直观地反映所获得数据之间的关系，并根据图像分析加速度与力、质量的关系。猜测质量一定时，加速度可能与力成正比，作加速度与力的关系图像，如图6所示；力一定时，加速度可能与质量成反比，作加速度与质量、质量倒数的关系图像，如图7、图8所示。

加速度与力的关系

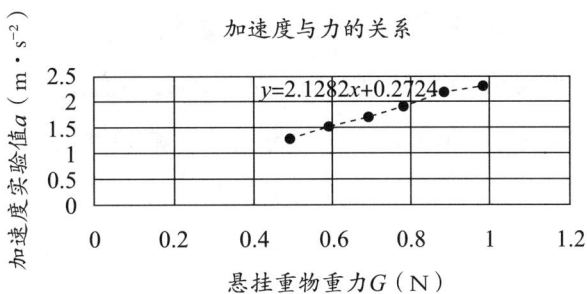

$y=2.1282x+0.2724$

图 6

加速度与质量的关系

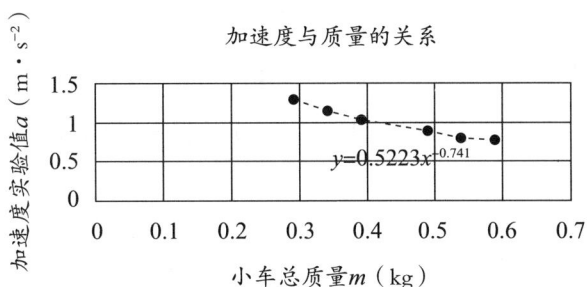

$y=0.5223x^{-0.741}$

图 7

加速度与质量倒数的关系

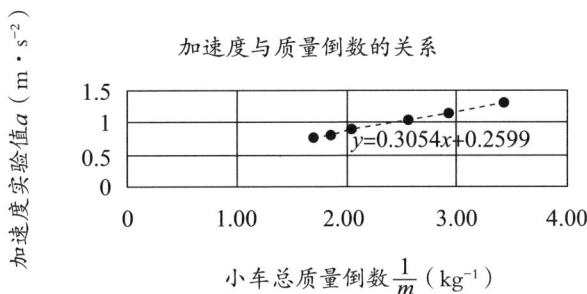

$y=0.3054x+0.2599$

图 8

结论：完成实验后，各小组汇总数据，再引导学生通过对数据的分析和计算进行总结。质量一定时，小车加速度与所受合力成正比；合力一定时，小车加速度与质量成反比。

误差分析：图 6、图 8 中的纵截距说明实验操作中平衡摩擦力过度。实验操作中难以精确平衡摩擦力，且操作用时较长。

（二）通过传感器探究加速度与力、质量的关系

通过打点计时器探究加速度与力、质量的关系实验中，存在如下问题：平衡摩擦力环节的操作难度大，操作时间长，精确度较低；钩码的重力不等于物体所受的合外力，实验存在系统误差；打点计时器测加速度的操作复杂，计算量大。为解决这些问题，进行实验方案的改进与创新。

仪器：气垫导轨、无线拉力传感器、智能手机、相关软件。

设计思路：用气垫导轨代替小车轨道减小摩擦力，用无线拉力传感器测量合力，改进实验装置；用手机软件测量加速度，改进测量方法。

操作：学生分组进行创新实验，并记录实验数据。

数据处理：采用图像法绘制加速度与力的关系图像，加速度与质量倒数的关系图像，如图 9 所示。

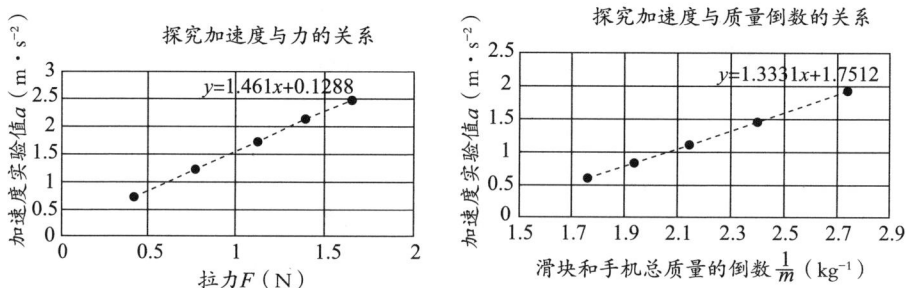

图 9

结论：质量一定时，物体加速度与所受合力成正比；合力一定时，物体加速度与质量成反比。

误差分析：

1.在探究加速度与质量的关系实验中，所挂钩码保持不变，改变小车质量时，分析比较拉力传感器的数据，发现拉力值有微小差异，难以严格控制拉力恒定。补充探究"加速度与$\dfrac{F}{m}$的关系"实验，结果如图 10 所示。

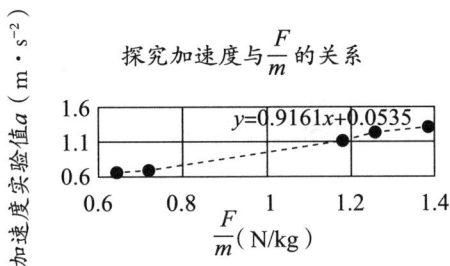

图 10

2. 根据"打点计时器探究加速度与力、质量的关系"实验数据，分析将钩码重力作为物块所受合力造成的误差。发现钩码重力不等于物块所受合力，且悬挂钩码重力越大，误差越大。

【学习收获】

1. 本实验在学生完成教材原有实验的基础上，注重探究的开放性，基于对问题的讨论，引导学生不断发现和解决问题，通过这种体验提高学生使用多种方法和手段分析、处理信息的能力，基于实验数据结合逻辑推理得出结论的能力，对探究过程和结果进行交流、评估与反思的能力，发展了学生的科学探究能力。

2. 通过引入数字化实验（无线拉力传感器），创新了实验方式，同时激发了学生的兴趣。

3. 创造性地利用手机进行物理实验，加强物理知识与生活的联系，如可将手机用于测量乘坐电梯过程中的一些物理量，激励学生养成估计生活中物理量大小、发现实际生活情境中物理问题的习惯。

【作业布置】

1. 完成课堂同步练习。

2. 课后体验用手机内置传感器测量生活中的加速度。

八 板书设计

第二节　探究加速度与力、质量的关系	
一、实验思路 二、物理量的测量 1.质量：天平。 2.加速度：打点计时器。 3.力的测量：在 m' 远小于 m 的情况下，钩码重力充当合力。 三、进行实验与数据分析 四、实验结论与误差分析 1.保持物体质量 m 不变时，物体的加速度 a 与所受合外力 F 成正比。 2.在合外力 F 不变时，物体的加速度 a 与质量 m 成反比。	五、实验创新 1.平衡摩擦力：气垫导轨。 2.加速度：利用手机软件测量加速度。 3.力的测量：无线拉力传感器。

专家点评

　　《普通高中物理课程标准（2017年版2020年修订）》要求学生通过实验，探究物体运动的加速度与物体受力、物体质量间的关系，强调了通过实验和探究得出结论的过程。实验探究的结果是重点，实验探究的过程也是重点。

　　本实验教学案例的创新点是张为敏老师尝试用数字实验系统对传统实验的改进，研究数字化实验系统的教学方式有利于促进教学手段与方式的现代化。以往在课堂上难以完成的一些实验变得轻而易举。由于数字化实验装置提供的数据拟合功能的完备性（包括线性函数、正弦函数、反比例函数等）和精确性较好，可以得到令人满意的课堂效果。教师利用数字化实验室系统，减少了大量的烦琐计算，节省出的时间可以较为深入地探讨分析实验误差及其产生的原因。教师主动更新教育理念，助推学生接触新事物、接受新理念，培养他们的创新能力。只有创新的环境和具有创新意识的教师，才能培养出具有创新能力的学生。

本实验教学案例的优点是以"问题串"的方式，从学生最易想到的控制变量法开始，引导学生积极思考，推动教学活动有序、顺畅进行。问题的设置指向准确，问题台阶布置细密，便于自学。操作步骤、注意事项等也在其中，这就有力地指导了学生设计实验与制订方案、获取信息等探究过程。实验条件（m 远大于 m'）至关重要，从此处的注意事项到后面的误差分析，都要反复用到。在实验与探究过程中，学生体会科学方法，培养科学思维，树立科学态度。

本实验教学案例的不足之处是实验结论的得出稍显仓促，应该对图线没有严格过原点稍加斟酌讨论。改进方向是，使用"新"的非常规的仪器、装置，描述应该更详细，应该用清晰的图片配合说明，如注意事项、怎样安装、连接方式、怎样使用、怎样采集传送数据、选择什么界面、点击哪个按钮等。

教师在讲授本堂课时需要注意的问题是图像应该延长至坐标原点，否则只能说明是线性关系而不能说明是正比例关系（图6、图8、图9及其结论），据此对误差原因稍做分析，结论还要回归到正比例关系上来。

"万有引力定律"实验教学创新案例

教科书版本及对应章节：人民教育出版社《普通高中教科书 物理 必修第二册》第七章第二节

授课年级：高中一年级

设计人：浙江省宁波市江北区慈湖中学　孔大海

一　教材分析

《普通高中物理课程标准（2017 年版 2020 年修订）》对本节的要求是通过史实，了解万有引力定律的发现过程。知道万有引力定律。

教材中在给出万有引力定律时做了非常好的理论推导和实验验证，但是唯独缺少了普通物体之间引力存在的直接证据，而且学生对于普通物体之间存在引力也缺乏直观的感受，没有感性基础。

二　学情分析

知识基础：

在学习万有引力定律前，学生已经对力、重力、向心力、太阳对行星的引力、加速度、重力加速度、向心加速度等概念有了较好的理解，并且掌握了自由落体运动和圆周运动等运动规律，能熟练运用牛顿运动定律解决动力学问题。已经完全具备深入探究和学习万有引力定律的能力。

心理特点：

在上一节中，学生经历了太阳与行星间引力的探究过程，向学生渗透了发现问题、提出问题、猜想假设等方法思想，从而为进一步探究万有引力定律的发现过程确定了切入点。

认知困难：

平时生活经验中，难以认识到普通物体之间存在万有引力，学生对此难以接受。

三 学习目标

1. 构建任何物体间都存在引力的观念。理解悬杆上球的摆动越来越小的原因，建立能量观念。

2. 理解卡文迪什扭秤实验的结构。根据扭秤实验结果推理出万物皆有引力。

3. 培养观察、猜想、设计实验的能力。得到普通物体间存在引力的证据。

4. 体会科学研究的艰难性和长期性。知道任何理论都需要接受实践的检验。

四 教学重难点

教学重点：证明普通物体之间存在万有引力，对引力常量数量级进行推导。

教学难点：证明普通物体之间的引力遵循万有引力定律。

五 教学准备

教学法： 小组讨论法、演示实验法。

教师： 自制卡文迪什扭称实验教具、PPT、学案、相关软件、电脑。

学生： 学案。

六 教学流程图（图1）

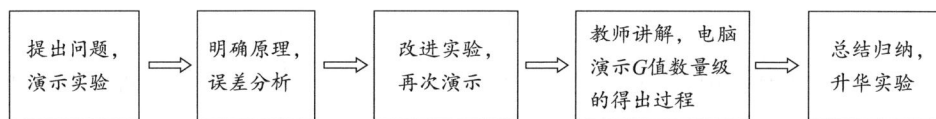

| 提出问题，演示实验 | ⇒ | 明确原理，误差分析 | ⇒ | 改进实验，再次演示 | ⇒ | 教师讲解，电脑演示G值数量级的得出过程 | ⇒ | 总结归纳，升华实验 |

图1

七 教学过程描述

【新课引入】

创设情境，导入新课

本节课设计了一个演示实验，通过演示实验直观感受普通物体间存在的万有引力。

目的： 自制卡文迪什扭秤实验，可视化效果好，便于学生直观感受到物体之间的万有引力。

仪器： 伸缩支架、人字梯、防震垫、铜丝、铝杆、玻璃球、平面镜、激光笔。

结构： 实验所用器材为自制卡文迪什扭秤装置，如图2所示。扭秤可以采用伸缩支架，也可以使用人字梯作为支撑，支架下面垫防震垫，扭丝采用铜丝，悬杆用铝杆，悬杆上固定直径约 12 厘米的玻璃球，悬杆中间放置两块平面镜。

图 2

演示：教师带领部分学生开展普通物体间万有引力的求证之旅，二维码记录了初始阶段实验的具体过程，如图 3 所示。

图 3

现象：扭秤发生了旋转。

结论：普通物体之间存在万有引力。

通过观看视频，引导学生自主讨论得出结论，教师归纳总结。

【新课教学】

（一）证明普通物体间存在万有引力

设疑激趣，突破难点

教师活动：同学们，上述的实验过程有没有误差？如果有，误差来源是什么？又该如何改进呢？请同学们分组讨论一下。

学生活动：分组讨论，思维碰撞。

误差分析：有学生对扭秤的旋转提出了质疑，如旋转可能是因为周围环境的振动、人走动时引起的空气的扰动、扭丝自身的回转等。

学生对讨论得出的误差来源进行了进一步讨论，做了如下的改进和探索。

（1）**改进一**：加装防风罩，如图4所示。

（2）**改进二**：进行长时间拍摄。

（3）**改进三**：优化扭丝材料和结构。

图4 防风罩

目的：在学生提出改进意见后，再次实验，观察实验现象。

仪器：伸缩支架、人字梯、防震垫、铜丝、铝杆、铅球、玻璃球、平面镜、激光笔、防风罩。

结构：实验所用器材为自制卡文迪什扭秤装置。扭秤可以采用伸缩支架，也可以使用人字梯作为支撑，支架下面垫防震垫，扭丝采用铜丝，悬杆用铝杆，悬杆上固定直径约12厘米的玻璃球，悬杆中间放置两块平面镜，外扣一个玻璃罩。

演示：播放实验视频。

现象：选用铅球和玻璃球进行实验，扭丝选择铜丝，拍摄时长 100 分钟左右。由于环境的背景噪声存在，所以放置铅球之前玻璃球并不会完全静止，振动情况如图 5 中虚线所示。在放置铅球之后，玻璃球的摆动范围如图 5 中实线所示，玻璃球摆动在左侧时突破了之前的范围，指向了铅球，证明了引力的存在。

图 5 放置铅球前后的玻璃球的摆动范围

结论：在优化扭丝材料和结构、加装防风罩、考虑背景噪声的影响下，扭丝依然有明显转动，证明了普通物体之间存在引力。

继续向学生提问，同学之间有没有万有引力？如果有，请计算是多大？让学生计算得到学生之间引力的大小，数据来源精准，从数学角度解释了感受不到学生之间引力的原因。

（二）引力常量数量级的估算

教材直接给出了引力常量的具体数值，不便于学生掌握。在上述实验的基础上，可以引导学生推导引力常量的数量级。

教师提出问题：可以根据上述实验推导引力常量的数量级吗？让学生分组思考讨论。

教师讲解，如图 6 所示，小球和光点移动的角度之比是 1：2，测量出 r_1、r_2 的长度，根据线速度公式 $v=\omega r$，可得两者线速度的比值为 1：8.8。再根据加速度公式，两个线速度大小直接相减除以时间，就能得出小球的切向加速度。小球的切向加速度等于光点移动的加速度除以 8.8，只要能求出光点的移动加速度，就能求出小球的切向加速度。

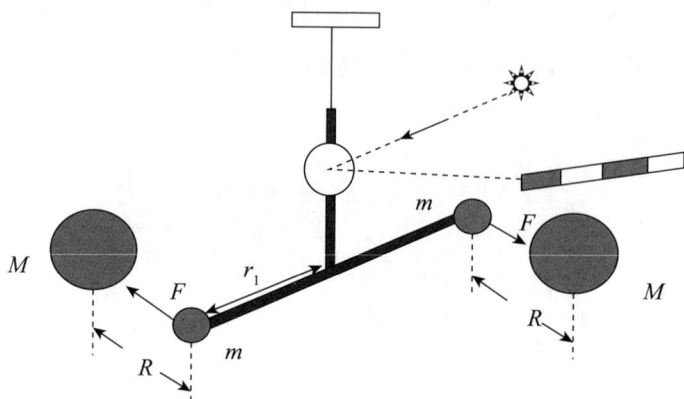

图 6　卡文迪什扭秤装置示意图

而小球的切向加速度是由万有引力和扭丝共同作用产生的，怎样消除扭丝的力呢？学生分小组合作讨论。

经过讨论，学生提出放铅球之前的振动中心对应的是一个平衡位置，这个位置扭丝的力接近零。只要能求出放置铅球之后，光点再次经过这个中心位置的加速度，此加速度就只由万有引力一个力所产生，直接观察比较困难，可以借助于视频跟踪技术来实现。

教师将视频导入相关软件中，根据刻度尺进行定标，还原视频中光点移动的真实距离。标记追踪对象为反射光点，点击搜索，此时光点移动的水平位移 x 与时间的关系图像就出现在了右上角，如图 7 所示，同时还可以得到加速度与时间的关系图像。

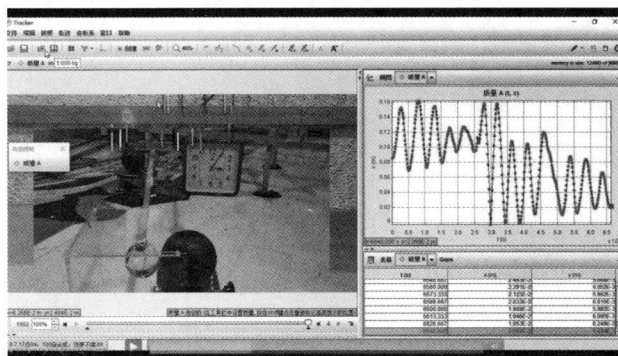

图 7 视频跟踪软件分析结果

接下来进行数据分析，如图 8 所示，选中与放置铅球之前的振动平衡位置相近的三个点进行分析，选中之后，右侧表格中会直接显示该点的加速度值，经过换算就可以得到小球的加速度和引力常量的值，得出的结果跟标准值 10^{-11} 还是比较接近的。

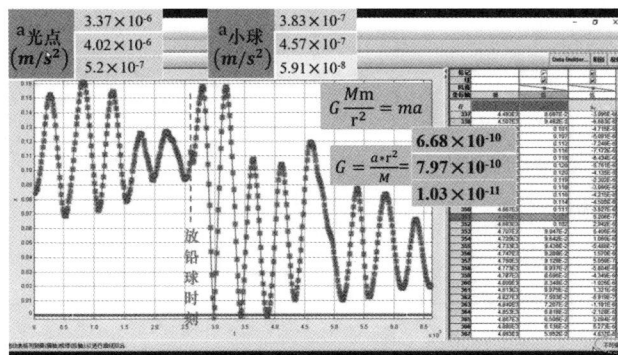

图 8 数据分析

学生观看教师整个操作过程，认真听取教师的讲解。

【学习收获】

学生分组讨论，总结本节课所学内容，并说说自己的收获。

1. 学生亲眼见证普通物体之间存在万有引力。

2. 了解了卡文迪什扭称实验的整个过程，并学会进行误差分析。

3. 学习了用相关软件推导引力常量数量级的方法。

【作业布置】

1. 完成教材；习题。

2. 请学生课后查阅卡文迪什的传奇经历，以及从卡文迪什实验室走出的三十多位诺贝尔奖得主的故事，学习科学家不畏艰难、勇于探索的精神，下节课互相分享。

八 板书设计

第二节　万有引力定律	
一、普通物体间存在引力 1. 普通物体之间的引力难以直观感受。 2. 卡文迪什扭称实验 误差来源：周围环境的振动 　　　　　　人走动时引起的空气扰动 　　　　　　扭丝自身的回转 3. 改进方法：加玻璃罩。	二、引力常量 1. $G=6.67 \times 10^{-11} N \cdot m^2/kg^2$。 2. 使用相关软件推导。

九 教学反思

在长期的实践过程中，经过不断地摸索对装置的结构器件有了初步的结论。对于悬杆和重物，发现铝杆和玻璃球效果最好，如图 9（a）所示；对于扭丝，发现选择铜丝效果最好，如图 9（b）所示；对于激光器，需要满足长时间使用的要求，发现激光笔效果最好，如图 9（c）所示。

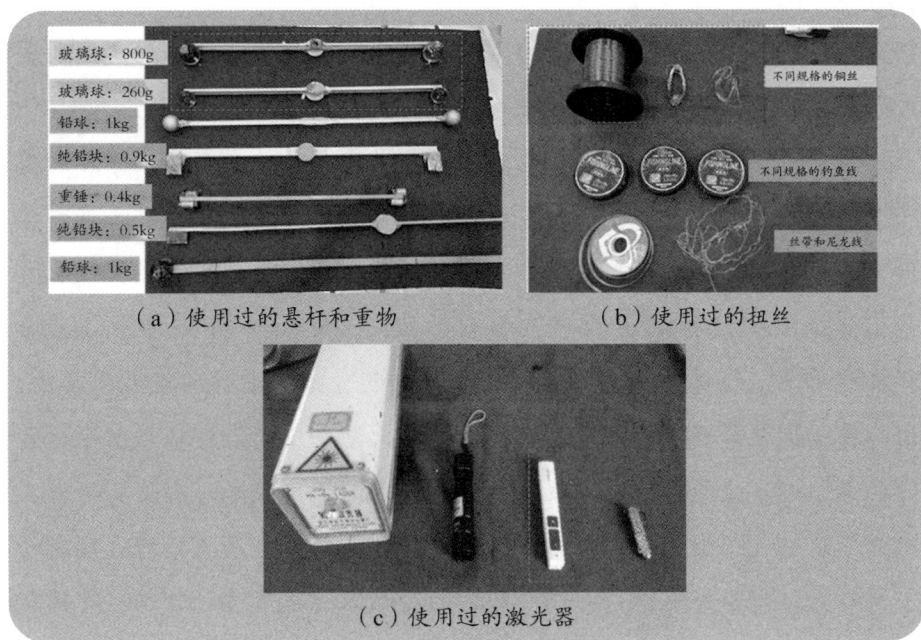

（a）使用过的悬杆和重物　　　　（b）使用过的扭丝

（c）使用过的激光器

图 9 尝试过的器材

本节课的实验，学生全程参与，历时一年有余。在长时间的探索过程中，师生遇到过很多问题，比如选择什么样的材料作为扭丝。经过反复实验，发现铅球与铅球之间的吸引也可能是磁力的作用，于是将实验材料进行了更换。更换材料之后，又发现吸引作用几乎观察不到，实验一度停滞。教师为学生讲述英国的卡文迪什实验室走出过三十多位诺贝尔奖得主，是世界上最伟大的实验室之一，学生深受鼓舞，继续研究，最终获得了成功。

在高中阶段，让学生去参与完成一些具有挑战性的实验，不管是成功时的精神振奋，还是失败时的沮丧失望，抑或是最终完成实验时的喜极而泣，这份经历激荡了学生的心灵，考验了他们的意志，这就是物理实验的魅力！

专家点评

《普通高中物理课程标准（2017 年版 2020 年修订）》要求通过史实，了解万有引力定律的发现过程，知道万有引力定律。而"万有"自然包括自然界的一切物体。鉴于引力常量数值很小，致使普通物体之间的引力很难被测量，教师一般不敢轻易尝试。

本节实验教学案例有以下几点创新。首先是孔大海老师以惊人的勇气，敢于"亮剑"，挑战这个"不可能"。率领学生长达一年沉浸在科学探索中，一起品尝成功的喜悦和失败的沮丧。单是这一次的拍摄时长就达 100 分钟，教师的坚韧品质、探索精神、强大的动手能力起到了表率和榜样作用，促进学生科学精神、科学态度、探究精神的发展。其次，用二维码链接平日实验资源素材也是一种大胆的创新，这既是艰辛探索的佐证，也方便同行观摩。最后，理论估算的切入点也富有创新性，孔老师不是通过测出铜丝的扭转系数而进行复杂计算，而是找到玻璃球的平衡位置，借助将视频导入相关软件的视频跟踪技术进行估算，手段新颖、方法巧妙。虽然理论分析有一定难度，但是并没有超出学生能力范围。

本节实验教学案例的优点是学生初级探索、学生进阶较精密探索、教师进行引力常量数量级的精密计算三个环节拾级而上，整节课条理有序；装置设计考虑比较周全（防震垫、防风罩等），影响因素分析比较全面。通过比较和探索，筛选出更合适的材料和器件，使实验结果更准确、可信。

本节实验教学案例的不足之处是在监测引力的存在时，没有对其他物体（如支架、实验者）的影响进行考虑和说明。本节课的改进方向是，建议在板书设计中，画上卡文迪什的倒 T 形架扭秤装置，既展示了巧妙的设计（数次放大）、致敬先贤，还做到了图文并茂。

在讲授本堂课时应该讲明，因为是定性监测而非定量测量，只要人与铅球在玻璃球的同一侧就不矛盾，再考虑平方反比关系，其他支架等物体距离比较远，总体上不影响最终结论。

"探究电荷之间的作用力"实验教学创新案例

教科书版本及对应章节：人民教育出版社《普通高中教科书 物理 必修第三册》第九章第二节

授课年级：高中二年级

设计人：宁夏回族自治区银川市宁夏育才学校 陶丽娟

一 教材分析

库仑定律阐明了电荷间的相互作用规律，是整个电磁学大厦的基础，具有重要的理论地位，也是麦克斯韦电磁场理论得以建立的实验基础之一。

《普通高中物理课程标准（2017年版2020年修订）》对该部分的要求是知道点电荷模型。知道两个点电荷间相互作用的规律。体会探究库仑定律过程中的科学思想方法。对电荷间相互作用力的探究，可以为学习电场强度和电势差的概念打下基础，同时库仑定律也是本章的重点内容，不仅要求学生定性知道，而且还要求定量了解和应用。

对库仑定律的讲述，教材是从学生已有认知出发，通过实验引入相互作用力与什么因素有关，力图引发学生的思考，用类比的思想猜想电荷之间的作用力与万有引力有相似的形式，提出电荷间的相互作用力是否与电荷量的乘积成正比，与它们之间的距离的两次方成反比的猜想，进而得出结论。

二 学情分析

两种电荷及其相互作用、电荷量的概念、摩擦起电和感应起电、万有引力定律和卡文迪什扭秤实验学生都已学过，这些知识为过渡到本节的学习起着铺垫作用，学生已具备了一定的探究能力、逻辑思维能力及推理演算能力，能在教师指导下通过观察、思考，发现问题和解决问题，本节重点是做好定性实验，使学生清楚知道实验探究过程。

三 学习目标

1. 通过对库仑定律的探究过程，体会实验与类比法在物理定律的建立过程中发挥的重要作用，感知将微小力放大、间接测量的物理思想，体验控制变量以及应用电荷均分的实验方法，领略在无法测量电荷量的前提下间接寻找静电力和电荷量关系的方法，继而提升学生的科学思维能力。

2. 通过与质点模型类比，知道点电荷模型的物理意义及建立点电荷模型的条件，进一步体会科学研究中的理想模型方法，经历观察猜想、模型建构、定性实验、类比推理、定量验证的探究过程。

3. 理解库仑定律的内涵和适用条件，能够应用库仑定律计算点电荷间的静电力，会利用力的合成的知识解决多个电荷间的相互作用问题，体会库仑扭秤实验的设计思路与实验方法，经历与科学家相似的研究过程提高科学素养；通过对静电力与万有引力的对比，体会自然规律的多样性和统一性。

四 教学重难点

教学重点：通过实验探究电荷间相互作用的规律。

教学难点： 从定性实验到定量验证，从感性猜想出发经过探究逐步上升到理性认识。

（五）教学准备

PPT、软件、演示实验器材、自制创新实验器材、学案等。

（六）教学流程图（图 1）

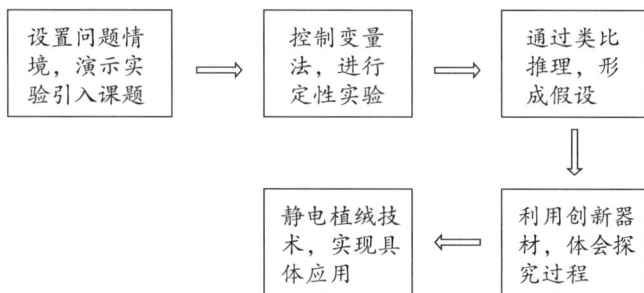

```
┌──────────┐    ┌──────────┐    ┌──────────┐
│设置问题情 │    │控制变量  │    │通过类比  │
│境，演示实│ ⟹ │法，进行  │ ⟹ │推理，形  │
│验引入课题│    │定性实验  │    │成假设    │
└──────────┘    └──────────┘    └──────────┘
                                      ⇓
┌──────────┐    ┌──────────┐
│静电植绒技 │    │利用创新器 │
│术，实现具│ ⟸ │材，体会探 │
│体应用    │    │究过程    │
└──────────┘    └──────────┘
```

图 1

（七）教学过程描述

【新课引入】

创设情境，提出问题

展示神奇的"魔法棒"使塑料丝悬浮，如图 2 所示。

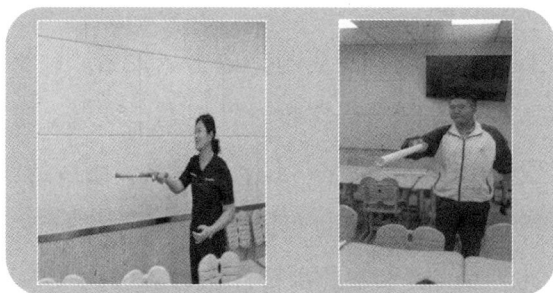

图 2　师生展示"魔法棒"

设计意图：激发学生的学习兴趣，让学生感受身边的电荷间的相互作用，通过观察，结合已有知识解释现象。

提出问题：带电体之间的相互作用力与哪些因素有关呢？

进行猜想：猜想可能与带电体所带电荷量、带电体间距离有关，还可能与带电体大小、形状、电荷分布有关。

【新课教学】

（一）定性实验验证猜想

1. 引入实验

PVC 管、塑料丝与毛皮摩擦后带有同种电荷，同种电荷相互排斥，所以比较轻的塑料丝会悬浮起来。

2. 定性探究实验原理

用绝缘杆固定金属球，另一较轻小球用绝缘细线悬挂起来，当两球带上同种电荷后，悬挂的小球因为静电力会偏离原来的位置，悬挂的小球平衡后，对其进行受力分析，根据力的平衡知识得到 $F=mg\tan\theta$，其中 θ 为细线与竖直方向的夹角。可以看出，细线的偏角 θ 可以反映静电力的大小。偏角变大，说明小球受到的静电力变大。本实验采取控制变量法，首先，保持两球的电荷量不变，改变两球间距，观察细线的偏角变化，进一步判断静电力变化；其次，保持两球距离不变，改变大球的电荷量，观察细线的偏角变化，进一步判断静电力变化，这样就能得到电荷量、带电体间距离与静电力的定性关系。

3. 定性探究实验目的

让学生定性探究电荷量和距离与静电力的关系。教材为我们展示了这个实验，但用课本上的方案进行实验时发现两个问题：首先，两球带电后悬挂小球晃动剧烈，无法静止在某一位置；其次，细线的偏角 θ 很小，3 次移动悬点，不容易观察到偏角 θ 的变化，所以课堂进行该实验成功率极低。因此，通过以下三个方面对本实验进行优化。

（1）改变小球悬挂方式。本实验没有用铁架台，而是用自制的木头框，木头框中间固定 15 厘米的横杆，可将静电摆做成双线摆，这样两球带电后悬挂的小球能平衡在某一位置，摆角是稳定的。

（2）改变悬挂物的材料。通过实验发现，用锡纸包裹泡沫球，无论体积大小，小球带电后漏电较严重，摆角都很小，实验效果不明显。多次试验不同材料，最终发现把 1 厘米左右的纸质吸管外层用锡纸包住，再用热熔胶连上摆线，这样锡纸表面是平滑的，没有凸起的地方，不仅能带上更多的电荷，而且漏电也较少，细丝的摆角变化明显。

改进后实验器材如图 3 所示。用绝缘杆固定一个大金属球，另一较轻小球用绝缘细线悬挂起来，当两球带上同种电荷后，悬挂的小球因为静电力会偏离原来的位置。

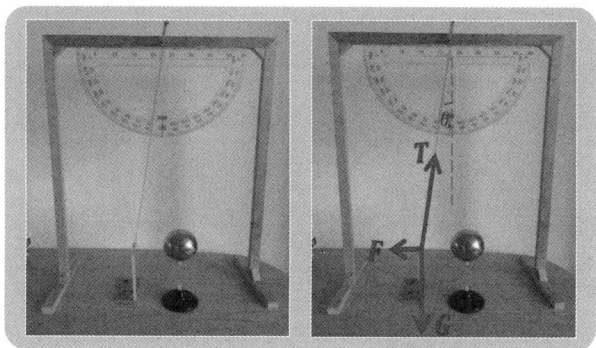

图 3　探究 F 与 q、r 的定性关系

提出问题： 如何反映悬挂小球所受静电力的大小？ 实验方法是什么？

学生回答： 对悬挂的带电小球进行受力分析可知 $F = mg\tan\theta$，所以细线的偏角 θ 越大，小球受到的静电力越大。实验方法是控制变量法。

提出问题： 具体如何操作呢？

学生回答： 保持两球距离 r 不变，改变大金属球的电荷量，观察细线摆角变化，从而得出 F 与 q 的定性关系；保持两球的电荷量 q 不变，改变两球的间距 r，观察细线摆角变化，从而得出 F 与 r 的定性关系。实验现象如图 4、图 5 所示。

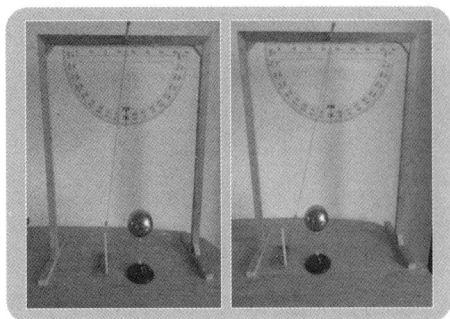

图 4 电荷量一定，减小间距进行对比   图 5 间距一定，减小大球电荷量进行对比

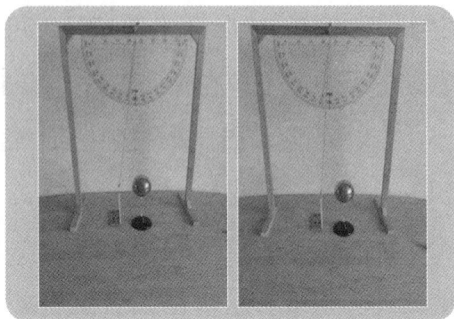

（二）定量探究验证猜想

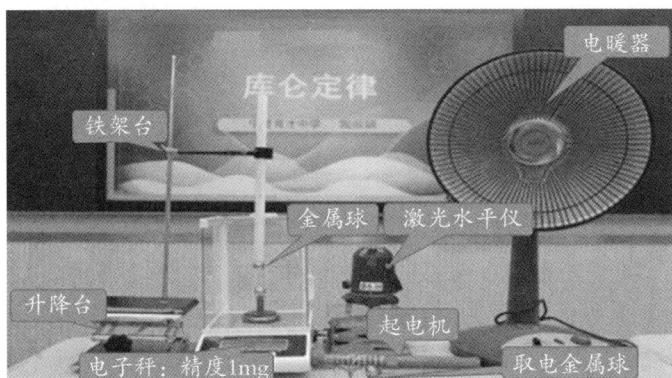

图 6 定量实验器材

1. 定量实验仪器如图 6 所示，本实验主要研究两金属球之间的静电力，高精度的电子秤间接测量微小的静电力，铁架台用来固定用 PVC 管连接的小球，升降台用来调节两球之间的距离，激光水平仪用来度量两球球心间的距离，电暖器用来干燥空气，还有用来改变电荷量的起电机和取电金属球。

2. 定量验证实验原理

用绝缘底座固定一金属球，并将其放在精度为 1 mg 的电子秤上，另一相同金属球固定到 PVC 管上，用铁架台固定 PVC 管，铁架台放在升降台上，通过升降台可以改变两球之间的距离，电子秤有置零功能，两球先不带电，选择置零功能，再让两球带上同种电荷，此时电子秤的示数乘以 g 就是静电力的大小（为方便计算，我们取 $g=10 \ m/s^2$）。本实验采取控制变量法，首先，保持两球的电荷量不变，改变两球间距离，记录数据，用 Excel 表格处理数据，得到两球的电荷量一定时，电荷间相互作用力与距离的定量关系；其次，保持两球距离不变，用与两金属球相同的不带电小球接触电子秤上的小球，每次取走其一半的电荷量，若每次取电后两球间静电力也减少为原来的一半，则可证明静电力与电荷量成正比关系。

（1）验证电荷间作用力与距离平方的反比关系：控制电荷量不变，改变金属球之间的距离。

本实验测量两球球心距离，先让两球接触，此时球心间距为小球的直径 2.5 cm，将激光水平仪放在升降台上，调整高度，使水平激光打在 PVC 管标识的刻度 2.5 cm 处，以此位置为参考，改变两球球心距离，上方小球每上升一格，球心距增加 0.5 cm，所以本实验中球心距依次可取 3.5 cm、4.0 cm、4.5 cm…，这样就能快速且准确地测出球心距了。实验记录数据如图 7 所示，并将数据整理到表 1 中。

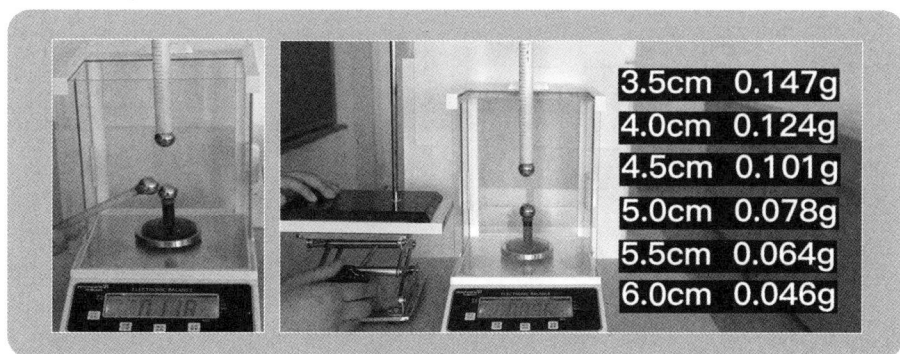

图 7　探究电荷间作用力与距离的定量关系及所测数据

表 1 r 由小到大变化实验数据记录

实验序号 （q_1、q_2 一定）	r/cm	r^{-2}/cm^{-2}	m/g	F/N
1	3.5	0.081 6	0.147	1.47
2	4.0	0.062 5	0.124	1.24
3	4.5	0.049 4	0.101	1.01
4	5.0	0.040 0	0.078	0.78
5	5.5	0.033 1	0.064	0.64
6	6.0	0.023 7	0.046	0.46

用 Excel 表格绘制 F–$\dfrac{1}{r^2}$ 离散点并进行拟合，图像如图 8 所示。

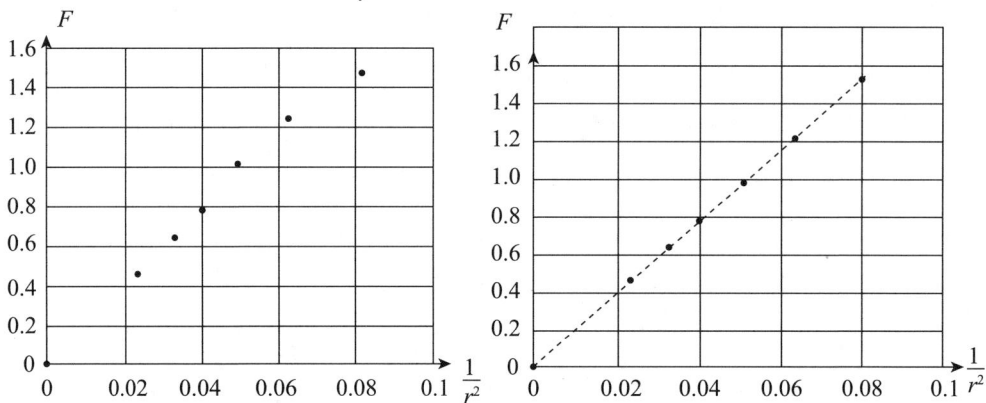

图 8 F–$\dfrac{1}{r^2}$ 图像

结论 1：在实验误差允许范围之内，电荷间作用力与距离的二次方成反比，即 $F \propto \dfrac{1}{r^2}$。

（2）验证电荷间作用力与电荷量乘积的正比关系：控制距离不变，改变金属球的电荷量，如图 9 所示。

提出问题：在实验前需要解决以下几个问题。如何改变小球的电荷量？

学生回答：我们可以用不带电的取电小球接触放在电子秤上的小球，从而减小其电荷量。

提出问题：实验器材中有没有测量电荷量的仪器？

学生回答：再仔细观察实验器材，发现没有测量电荷量的仪器。

提出问题：在无法精确测量小球电荷量的前提下，如何验证静电力和电荷量的正比关系？

学生回答：我们知道两个完全相同的带电导体接触后再分开，两者将原来所带电荷量的总和平均分配，也就是说如果用与两金属球相同的不带电小球每接触下方小球一次，下方小球的电荷量就减少为原来的一半，如果每次取电后两球间静电力也减少为原来的一半，则可证明静电力与电荷量成正比，将得到的实验数据填入表2。

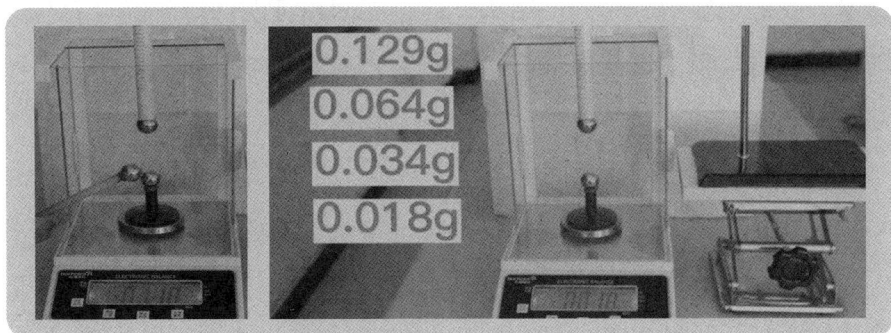

图 9　探究电荷间作用力与电荷量定量关系

表 2　改变下方小球电荷量的实验数据记录

实验序号（r一定）	q_1	q_2	m/g	F/N
1	q_1	q_2	0.129	1.29
2	q_1	$\dfrac{q_2}{2}$	0.064	0.64
3	q_1	$\dfrac{q_2}{4}$	0.034	0.34
4	q_1	$\dfrac{q_2}{8}$	0.018	0.18

用 Excel 表格绘制 $F-q_2$ 离散点并进行拟合，得到如图 10 所示图像。

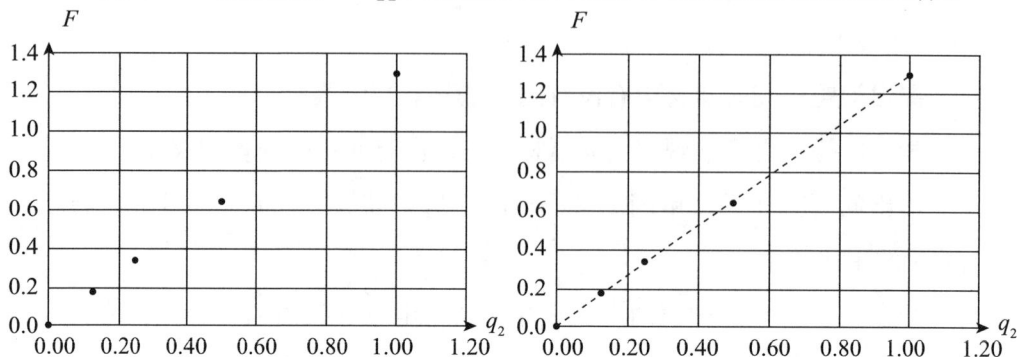

图 10　$F-q_2$ 图像

结论 2：在实验误差允许范围之内，电荷间作用力与电荷量成正比，即 $F \propto q_2$。由于两球间静电力是相互的，如果用同种方法改变上方小球的电荷量，我们也能得到相同的结果，即也能间接证明两球间静电力与上方小球的电荷量成正比，从而最终得到静电力与两小球电荷量乘积成正比的结论，即 $F \propto q_1 q_2$。

总结归纳：得出两小球间静电力 F 与 q、r 的定量关系。

设计意图：通过定量实验验证猜想，体会本实验的巧妙之处，利用电子秤间接测量微小的静电力；模拟库仑实验的方法，在无法准确测量小球电荷量的情况下利用电荷均分巧妙证明电荷量与静电力的正比关系。

【学习收获】

1. 本节课以问题为主线，将探究思维贯穿整节课。依托主问题（即静电力与距离和电荷量的关系）为支撑，通过问题链（即如何解决实验中遇到的问题）引导，"演示实验""定性实验""定量实验"等实验形式，让学生体验了物理规律的探究过程，体会物理思想，理解物理实验方法。

2. 实验器材简单易得，实验现象明显。实验所用材料，如 PVC 管、塑料丝都是生活中常见的，并且实验现象明显。

3. 直观的定性实验设计，从学生更熟悉的角度开始，实验操作简单，如从两种力都是非接触力、圆周运动模型、质点和点电荷模型、相关因素等方面的相似性让学生进行类比，这样更符合学生现有的认知水平。

4.本节课通过实验探究，让学生体验了从猜想到验证，从定性上升到定量的科学探究过程，继而得出学习物理的方法，渗透了科学本质观的教育。

【作业布置】

1.完成教科书后的练习。

2.利用周末的时间制作生活化实验器材验证库仑定律成立的条件。

八 板书设计

第二节　探究电荷之间的作用力	
一、电荷之间的作用力	三、电荷之间作用力的定量探究
1.库仑定律内容	1.创新实验器材
2.适用条件	2.库仑定律的表达式
二、电荷之间作用力的定性探究	四、应用
1.实验方法：控制变量法	库仑力的应用
2.电荷间作用力大小的影响因素	

专家点评

本节实验教学案例设计科学，教学流程顺畅，探究过程符合课程标准的要求，教师引领学生经历从实验中探究物理规律的过程，观察总结实验现象，培养科学探究意识，有效地提升了学生物理学科核心素养。

从物理观念维度分析，本节实验教学案例是要发展学生的物质观和相互作用观。教师采用"魔法棒"进行课堂引入，使学生意识到电荷间存在相互作用，并在定性实验中强化和完善了相互作用观。

从科学思维维度分析，本节实验教学案例构建了点电荷的物理模型，对点电荷之间的相互作用规律进行了探究，发展了科学推理、科学论证能力，并在定量探究库仑定律过程中发展了质疑创新素养。

从科学探究维度分析，本节实验教学案例围绕"电荷相互作用规律"进行实验探究，教师通过情境创设和简单的实验，引导学生意识到电荷之间存在作用力，进而引发深入思考——静电力的大小由哪些因素决定，由问题寻找证据，进入实际实验环节，然后对实验现象进行解释、交流、总结，提升了科学探究的核心素养。

从科学态度与责任维度分析，库仑定律是一个实验定律，实验的成败至关重要，但教材上的库仑扭秤实验在课堂上进行几乎没有成功的可能。本节实验教学案例对库仑定律的探究性实验进行了创新：定性实验易操作，易理解，现象直观；定量实验设计巧妙，可操作性强，静电力大小的确定、两球距离的测量、两球不同电荷量的获取、数据处理都很有新意，使学生能够经历一个相对完整的探究过程，弥补了教材上原实验（库仑扭秤实验）极难操作的遗憾，这种创意是极为难得的。

需要指出的是：与小球之间的距离相比，两个小钢球的直径较大，小球不能被看成点电荷，球心之间的距离也不能当作公式 $F = k\dfrac{q_1 q_2}{r^2}$ 中的 r。距离太近时，会造成小球表面电荷分布明显不均匀。建议陶老师明显减小球的直径或明显增大两球距离，增加实验的精度，增强说服力。

库仑定律对电学的发展有着极为重要的意义，它使电磁学的研究从定性进入定量阶段，所以得出完整的 $F = k\dfrac{q_1 q_2}{r^2}$ 是比较重要的。本节教学设计中的"定量实验"实际上是"半定量实验"，只是得出了静电力与电荷量、距离的比例关系，对于静电力常量 k 的问题、点电荷的理想化模型没有交代清楚，没有建立方程，比扭秤实验粗糙得多，直接影响到库仑定律的实用价值。应该再介绍库仑的扭秤实验，得到库仑定律的表达式，并建立点电荷的模型，这样对库仑定律的学习才算完整。

"扭秤的制作与使用"实验教学创新案例

教科书版本及对应章节：人民教育出版社《普通高中教科书 物理 必修第三册》第九章第二节

授课年级：高中二年级

设计人：北京市汇文中学 王斯宇 夏维宏 张国

一 教材分析

库仑定律既是电荷之间相互作用的基本规律，也是学习电场强度与电势差概念的基础，属于本章的重点内容。

《普通高中物理课程标准（2017 年版 2020 年修订）》对本节课的要求是：知道点电荷模型。知道两个点电荷间相互作用的规律。体会探究库仑定律过程中的科学思想方法。教材中的"问题"栏目通过提出几个探究性问题作为新课的引入。在此基础上，展示库仑定律建立的历史背景，一方面类比思想被单独提出，突出了其在定律建立过程中的重要作用；另一方面，库仑的实验是建立该定律的重要基础，该实验结果有力地证实了多位科学家的猜想。所以，本节的教学对库仑扭秤实验的理解至关重要。

与旧版教材相比，新版教材以探究性实验引入新课，更能激发学生的主动思考；突出体现了点电荷是在尊重实验事实的基础上提出的理想模型，使其更合理、更易被接受；类比思想被单独提出，体现了库仑定律得出的严谨性，体现了科学思维的培养。

二 学情分析

知识基础：

1. 学生了解了两种电荷及其相互作用、电荷量的概念、起电的知识。

2. 学生知道万有引力定律以及卡文迪什扭秤实验，了解微小力、微小形变与放大法。

心理特点：

1. 学生对生活中常见的实验器材比较感兴趣。

2. 学生对有动手操作的探究实验有较强的学习兴趣。

认知困难：

1. 学生对扭转形变与扭转力认知不直观。

2. 库仑扭秤远离学生的生活实际。

三 学习目标

1. 学生通过亲手制作扭秤，深刻理解扭秤的工作原理，熟练掌握扭转测量微小力、光学放大等重要科学方法，增强科学思维。

2. 学生利用身边触手可及的物品，通过学习理论知识、设计并实践，动手制作出固有印象中难以触及的科学仪器并不断改进完善，然后进行科学探究和验证。提升学生动手及创新能力，并增强学生对物理的兴趣。

3. 制作过程中，每个问题都涉及大量中学物理的其他章节内容，实现部分知识的回顾与整合，从做中学，学以致用。

4. 实验中解决问题的方法并不唯一，给予学生充分的发散、思考空间，并提升学生解决实际问题的能力，真正培养国家需要的创新人才。

四 教学重难点

教学重点：通过类比思想理解实验器材的原理。

教学难点：

1. 力矩与转动的知识在高中物理中处于教学边缘，学生不易理解力矩的概念。

2. 固有印象认为卡文迪什扭秤为高精尖设备，距离学生乃至教师十分遥远；而库仑扭秤实物尺寸不大，结构也不简易，不方便展示和讲解。

3. 板书及图片对扭秤的展示效果有限，对学生三维空间想象能力有一定要求。

五 教学准备

PPT、塑料衣架（带夹子）、钓鱼线、平面镜、激光发射器、铁架台（带铁夹）、软件、学案、自制创新器材、白纸、笔、刻度尺、剪刀、万能胶、带孔的小球、金属小球、手摇感应起电机、带绝缘柄的金属小球、铜线、钢丝、橡皮筋、硬纸板。

六 教学流程图（图1）

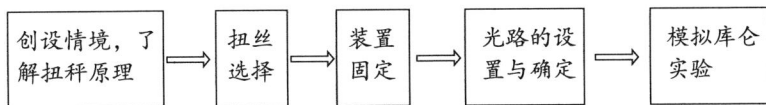

创设情境，了解扭秤原理 → 扭丝选择 → 装置固定 → 光路的设置与确定 → 模拟库仑实验

图1

七 教学过程描述

【创设情境】

扭秤原理铺垫

教师活动：拿出弹簧，引导学生回忆胡克定律 $F=k \cdot \Delta x$，PPT 演示微小形变、光学放大等思想，如图 2 所示。

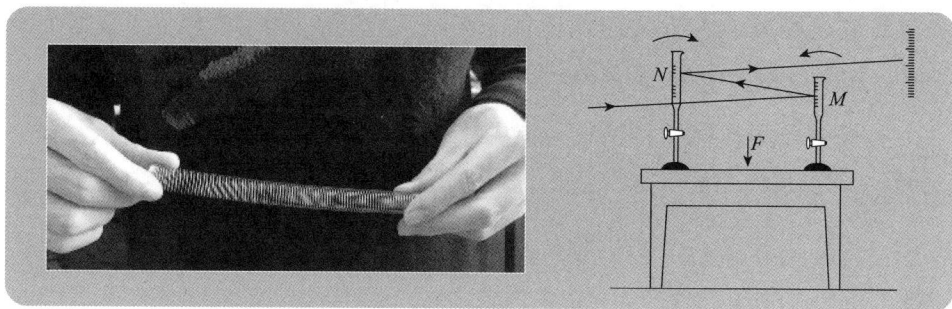

图 2　演示弹簧弹力与形变量及光学放大观测微小形变

拿出毛巾，用力扭转毛巾使其形变，松手后发现会有一个"回转力"使它恢复原状，其"回转力"与形变角度有关，如图 3 所示。

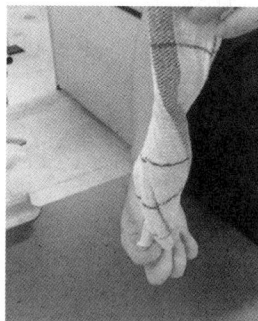

图 3　演示扭转形变与回转现象

目的：回顾胡克定律，引导学生认识形变类型（伸缩→扭转），引起学生对扭转形变的思考，激发学习兴趣。

【新课引入】

1. 扭秤原理讲解

教师活动：引导学生类比胡克定律，利用杠杆的平衡条件探究库仑扭秤与卡文迪什扭秤的原理。

如图 4 所示，库仑扭秤平衡条件为：$F_库 \times \dfrac{L}{2} = k'\alpha$。其中 $F_库$ 为小球 C 对小球 A 的库仑力，$\dfrac{L}{2}$ 为力臂，α 为扭秤偏转角度，k' 为比例系数。

如图 5 所示，卡文迪什扭秤平衡条件为：$F_万 \times \dfrac{L}{2} + F_万 \times \dfrac{L}{2} = k''\beta$。其中 $F_万$ 为球 m' 对球 m 的万有引力，$\dfrac{L}{2}$ 为力臂，β 为扭秤偏转角度，k'' 为比例系数。

学生活动：类比猜想，将平动形变长度 Δx 迁移到转动形变角度 $\Delta \alpha$，弹簧伸缩的劲度系数 k 迁移到悬丝（扭丝）扭转的"劲度系数 k'"，举一反三。

目的：引导学生深入思考事物的内在规律、相互关系，培养其对已有知识的迁移应用能力。

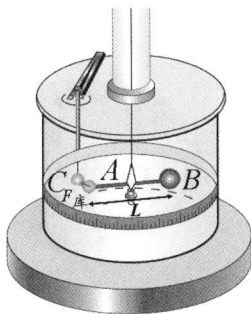

图 4 库仑扭秤示意图

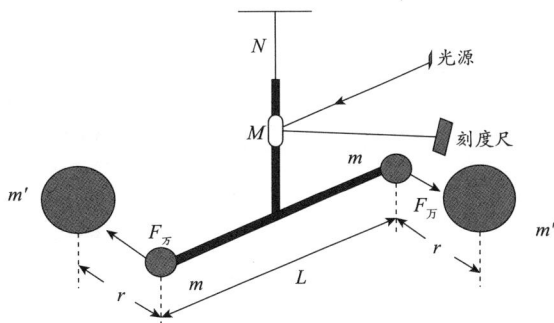

图 5 卡文迪什扭秤示意图

2. 提供器材，自制扭秤

主要实验器材如图 6 所示。

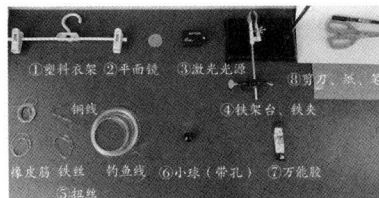

图 6 自制扭秤所需主要实验器材

（1）扭丝的选择

教师活动：提出弹簧劲度系数的物理意义，k 越大，发生相同形变所产生的弹力越大，弹簧越"硬"。如果想感知大力，就用硬的弹簧；想感知小力，就用软的弹簧。扭丝也如此，有软有硬。

学生活动：通过实际触摸感知，对劲度系数更加的理解。

目的：类比于弹簧，进一步地认识扭转形变，加深学生对原有知识的理解以及与生产生活的联系。

（2）装置的固定

学生活动：将铁夹固定在铁架台上，用铁夹夹住扭丝。

目的：学生实际操作中会遇到各种问题，每一个细节的处理，都蕴含着物理思想。学生在操作过程中会出现多种夹扭丝的方式（图7）。这里恰好与"单摆测重力加速度实验"中选取悬线的悬挂方式有关，如图8所示，这对之后单摆实验的操作有一定的指导意义。另外，若扭丝选取的是金属丝或钓鱼线，由于其材质摩擦系数较小，不易被夹住，需要学生进行改进。

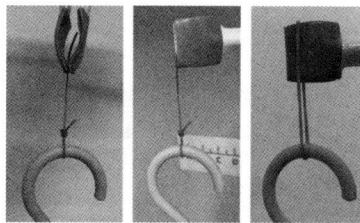

图7　学生夹扭丝的方式

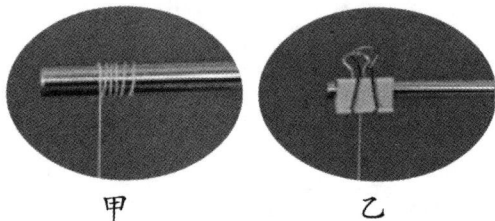

图8　单摆细线上端两种悬挂方式

教师活动：让各小组展示固定的方案，比较出较好的固定方式，如使用带小孔的球，将扭丝穿入带孔小球，打结、抹胶，用铁夹夹住球，如图9所示。

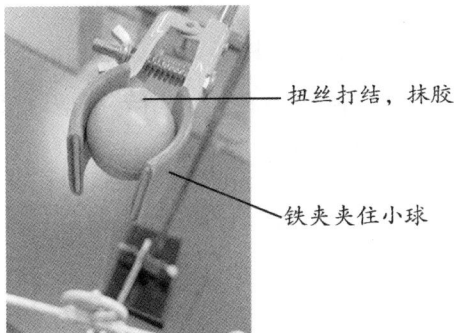

图 9 悬线固定方式

扭丝打结，抹胶

铁夹夹住小球

图 10 扭秤固定后效果

目的： 通过独立思考的过程，让学生能够更深入思考各种方案的优缺点。

教师活动： 展示单一扭丝固定后，扭秤主体稳定性差，易产生振动、晃动和摆动。引导学生进行改进。

学生活动： 讨论并实践。较好的解决方式是在扭秤上端和下端都悬挂扭丝，如图 10 所示。

目的： 让学生经历发现问题、解决问题的过程。

（3）光路的设置与确定

教师活动： 提示学生避免眼睛直视激光，寻找方法确定自制装置的光路。

学生活动： 小组讨论确定光路的设置方法。

教师活动： 及时对不同的方法给予鼓励。比较总结：简单便捷的解决方法是用白纸作为光屏，由近及远找寻光点，确定光路，如图 11 所示。

目的： 让学生意识到解决问题的方法不是唯一的，培养学生解决问题的能力。

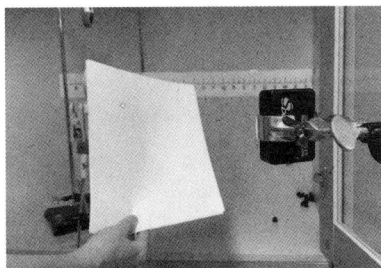

图 11 用白纸确定光路的方法

（4）模拟库仑实验

学生活动：如图 12、图 13 所示，在扭秤两端夹住 2 个相同的金属球，而后使小球带电，静置待扭秤平稳，标出光点位置。用另一带电的金属球（手握绝缘柄），缓慢靠近扭秤一端，观察扭秤及光点的变化。当小球靠近扭秤时，扭秤转动，光点移动。待装置稳定后，再次标出光点位置，确定两次光路变化，扭秤制作实验初步完成。

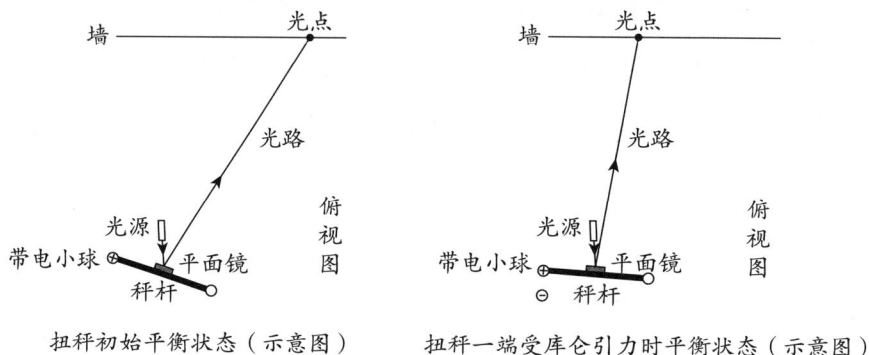

扭秤初始平衡状态（示意图）　　扭秤一端受库仑引力时平衡状态（示意图）

图 12　扭秤模拟库仑实验示意图

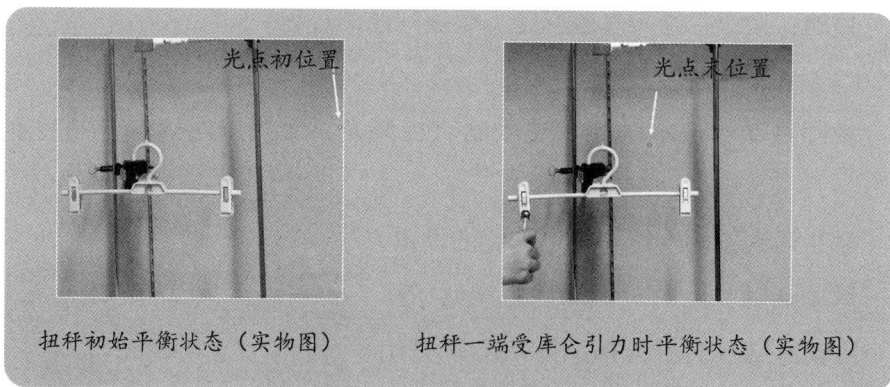

扭秤初始平衡状态（实物图）　　扭秤一端受库仑引力时平衡状态（实物图）

图 13　扭秤模拟库仑实验装置实物图

教师活动：归纳总结制作过程中遇到的问题与成品效果。在此基础上强调库仑扭秤实验在物理学发展史上的重要作用。

【学习收获】

1.通过本节课的学习，你有哪些收获？

（1）理解了库仑扭秤的原理。

（2）用生活中的器材自制了一个扭秤。

（3）锻炼了动手操作的能力。

2.思考一下，如何利用自制扭秤，模仿库仑定律，测得定量结果？

【作业布置】

1.在自制扭秤的基础上，增加角度标尺和指针，使其能直接读出力的大小。

2.利用扭秤，对其他微小力进行显示和测量，如热辐射压力、光压力等。

3.增加阻尼：自制扭秤阻尼小，不易停止，如何增加阻尼，令扭秤易于停止呢？思考并动手尝试。

八　板书设计

第二节　扭秤的制作与使用	
一、扭秤原理 $F_库 \times \dfrac{L}{2} = k'\alpha$ 二、自制扭秤 1.扭丝的选择	2.装置的固定 3.光路的设置与确定 4.模拟库仑实验

专家点评

　　本节实验教学案例通过库仑扭秤实验探究库仑力与电荷量及电荷间作用力的关系，但是原实验对精密度要求较高，操作难度大，特别是学生对扭秤原理理解不够透彻，教师利用身边触手可及的物品，帮助学生理解及制作扭秤，可以提升学生动手操作能力和创新能力，并增强学生对物理的兴趣。

教师利用生活中常见的原材料自制教具，紧密联系生活，降低实验成本，极大增强了学生在课内外进行物理探究的可能性。教师设计实验的过程仪器精巧、操作严谨，培养了学生正确进行科学探究的素养。

本实验教学案例创新性地在衣架上贴上小平面镜，可以使学生更容易观察到同种电荷之间的排斥作用。学生通过亲手制作扭秤，深刻理解扭秤的工作原理，熟练掌握扭转测量微小力、光学放大等重要科学方法，增强科学思维。制作过程中，每个问题都涉及大量中学物理的其他章节内容，实现部分知识的回顾与整合，从做中学，学以致用。

本实验教学案例仅通过小球间的排斥力观察到同种电荷相互排斥引起光路的改变，并没有定性或者定量探究库仑力与电荷量及电荷间距离的关系，若能引导学生进行定量探究，将更有利于帮助学生建立库仑定律的物理观念。

还需注意的一点是教师在讲授本堂课时要不断引导、启发学生，给予学生充分的思考空间，比如怎样改变小球的带电荷量、怎样测量偏转角度等，提升学生解决实际问题的能力，同时也贯彻了物理课程标准中对培养科学探究思维能力的要求，真正做到培养国家需要的创新人才。

"静电的防止与利用"实验教学创新案例

教科书版本及对应章节：人民教育出版社《普通高中教科书 物理 必修第三册》第九章第四节

授课年级：高中二年级

设计人：江苏省无锡市实验区辅仁高级中学　傅竹伟

一 教材分析

本节内容是在学习了静电场中力的性质之后，继续学习静电在生产生活中的应用。这些内容不仅可以开阔学生的视野，同时，也能让学生体会到物理与生产生活的联系，关注科学、技术、社会、环境的关系。

《普通高中物理课程标准（2017 年版 2020 年修订）》对本节的要求是，了解生产生活中关于静电的利用和防护。分析讨论静电在激光打印、静电喷雾和静电除尘等技术中的应用。知道在有可燃气体、粉尘的环境中如何防止静电事故。

二 学情分析

本节内容较为抽象，涉及的知识面广，学生缺乏必要的感性认识，不易建立合理的物理模型。虽然生活中存在很多静电现象，但多数学生很少注意观察其本质规律。因此，需要教师根据学生的特点设计好实验，让学生拥有更加直观、深刻的感性体验，加强师生互动，让学生感受到物理就在生活之中，通过创设情境，帮助学生建构模型，引导其不断修正模型，以强化相互作用观念，促进科学论证能力的发展。

三 学习目标

1. 知道什么是静电平衡状态，能说出静电平衡状态下的导体特点，知道导体上的电荷分布特征，了解尖端放电、静电屏蔽现象及其成因。

2. 通过对真实情境进行分析，提高观察、分析、思考能力；运用实验分析论证，提高解决实际问题的能力。

3. 观察演示实验，并对实验现象分析，体会运用所学知识进行分析推理的方法。查阅并收集资料，了解静电屏蔽和静电吸附在技术和生活中的应用。

4. 将物理问题生活化，激发学生学习物理的兴趣，通过小组合作讨论，培养学生与他人合作、交流和勇于探索的科学精神。

四 教学重难点

教学重点：理解静电平衡的概念及特征。

教学难点：应用静电平衡知识认识导体的电荷分布特点、尖端放电现象、静电屏蔽现象。

五 教学准备

PPT、特斯拉线圈（"掌中闪电"）、带绝缘手柄的金属杆、金属球、金属针、酒精棉花、积木小房子（挂有氖泡）、日光灯管、金属罐、密金属网、疏金属网、玻璃罩、手摇式起电机、导线、烟饼（含金属盘）、打火机、空饮料瓶（外层包裹金属片，底部掏空，盖子上插入锯条），如图1所示。

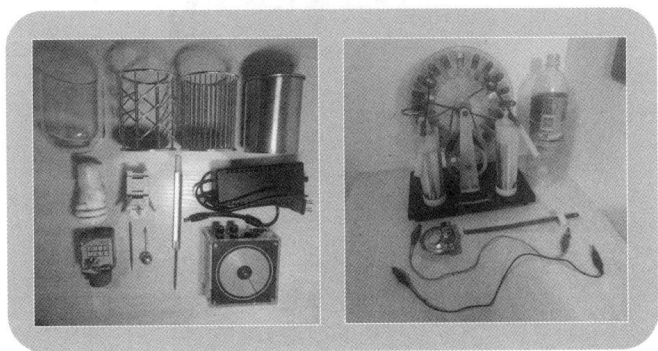

图 1　创新实验所用器材

六 教学流程图（图 2）

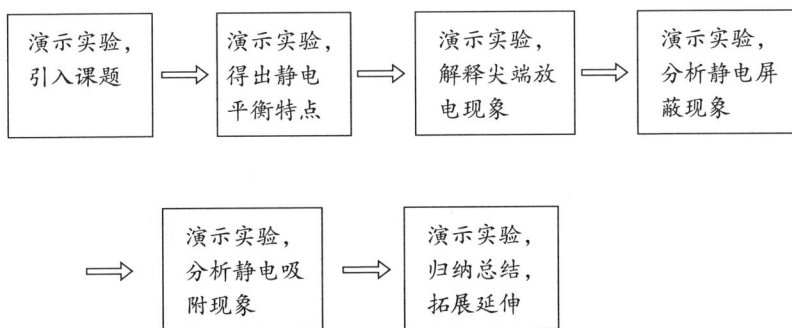

演示实验，引入课题 ⇒ 演示实验，得出静电平衡特点 ⇒ 演示实验，解释尖端放电现象 ⇒ 演示实验，分析静电屏蔽现象

⇒ 演示实验，分析静电吸附现象 ⇒ 演示实验，归纳总结，拓展延伸

图 2

（**七**） **教学过程描述**

【情境导入】

（一）导入："掌中闪电"小玩具演示

展示"掌中闪电"（图3），引导学生与生活中的静电现象（如闪电）联系起来。

图3 "掌中闪电"（特斯拉线圈）

设计意图：初步认识本节课的核心实验工具，为后续实验操作打好基础。

【新课教学】

（二）创设核心情境、提出核心问题

教师活动：

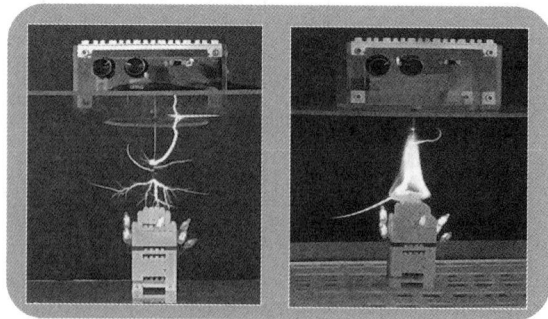

图4 闪电击中建筑物及闪电引发的危害

演示实验

1. 演示闪电击中建筑物模型。

2. 利用火花引燃蘸酒精的棉花，如图 4 所示，引导学生重视静电现象。

3. 提出核心问题：如何让建筑物免受闪电损毁？

设计意图：设置大任务情境，形成核心任务，提出需要解决的核心问题，统领整节课。

（三）生成问题链，促进知识理解

问题 1：了解闪电的形成

教师活动：

演示实验

1. 演示闪电的形成过程，如图 5 所示。

2. 导体靠近一个带电体，会出现什么现象？

3. 带正电的金属球靠近枕形导体会出现什么现象？

4. 引导学生将导体靠近带电体的过程进行模型建构。

学生活动：

观察实验，思考并回答：感应起电（静电感应）。

教师、学生活动：

引导学生基于场的知识进行静电平衡及有关特点的科学推理，得出静电平衡的基本特点。电子在电场中受到与电场方向相反的作用力（向左），从而做定向移动，左侧负电荷多，所以左侧带负电，右侧负电荷少，所以带正电。

图 5　闪电的形成

进一步提出问题：导体两端的电荷会一直积累下去吗？

学生活动：

小组讨论交流，因为两侧积累异种电荷后，会形成一个新的电场 E'，和原来的电场方向相反，根据矢量叠加原理，内部的合场强变小；电荷继续积累，E' 继续增大，内部合场强继续减小，当内部合场强减为 0 时，导体内部的电荷不再定向移动，导体两端的电荷也不再积累下去。

教师活动：

我们说此时该导体处于静电平衡的状态，其内部场强处处为 0，导体内的电荷不再定向移动。

导体内部正、负电荷的数量相等，代数和为 0，即导体内部没有净电荷，电荷都在导体左、右两侧的表面，即电荷只分布在导体外表面。

引导学生初步理解放电现象以及尖端放电，生发出下一个问题。

导体一端如果是尖端，处于静电平衡的导体尖端的电荷会有什么特点？

学生活动：

电荷受到电场力的作用会尽可能地往尖端移动，于是尖端一侧的电荷会更密集。

教师活动：

尖端电荷密集即尖端的电荷量较大，尖端周围电场强度也较大。

空气中有结合较为紧密的分子，不易导电，但也有少量可以自由移动的电荷，这些电荷在电场的作用下就会发生定向移动，并撞击结合较为紧密的分子。

原本结合紧密的正负电荷由于撞击而分解成了更多自由电荷，我们称为空气的电离，这些电荷又在电场力的作用下继续定向移动，电离产生的与导体尖端的电荷符号相同的粒子被尖端排斥而远离尖端，与导体尖端的电荷符号相反的粒子被尖端吸引而奔向尖端，与尖端上的电荷中和。最后的结果等效于导体从尖端释放电荷，从而形成了我们看到的电火花。云层和大地之间产生的电火花就是闪电，而金属尖端周围的电场更强，更容易放电，我们把这种放电现象叫作尖端放电。

问题 2：如何避免闪电直接击中建筑物？

教师活动：

1. 引导学生直接说出避雷针的应用。

2. 安装与不安装避雷针的效果对比实验，如图 6 所示。

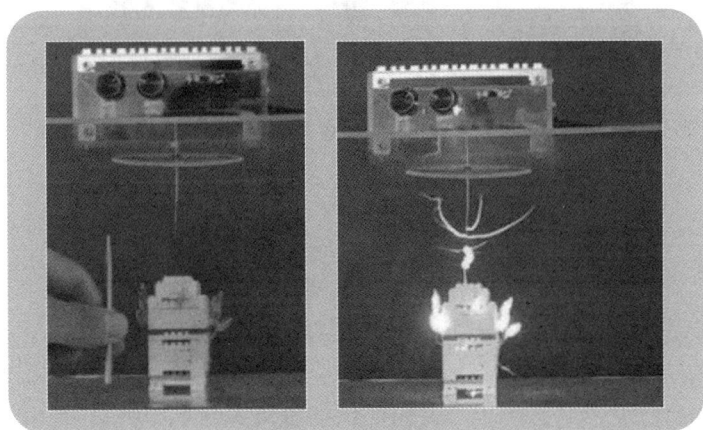

图 6　闪电击中避雷针

3. 引导学生运用静电平衡、尖端放电的知识解释避雷针的原理。

学生活动：

观察实验，思考并回答：当带电的云层靠近时，房屋顶端和避雷针顶端都会感应出与云层相反的电荷，尖锐的避雷针更容易放电，这些电荷进入大气以及云层中和了其中的电荷。

教师活动：

1. 引导学生观察相关动画，质疑动画的正确性，结合前面观察的实验提出避雷针还需要接地。

2. 引导学生了解更多尖端放电的应用，比如煤气炉灶上面的点火器。

3. 引导学生关注闪电击中建筑物但灯依然闪亮的现象，生发出下一个问题。

问题 3：如何避免闪电影响建筑物内部？

教师活动：

1.引导学生进行猜想：用罩子把建筑物罩起来，并提供几种选择给学生。

2.进行玻璃罩、金属网、更稀疏的金属网的实验演示，如图 7 所示。

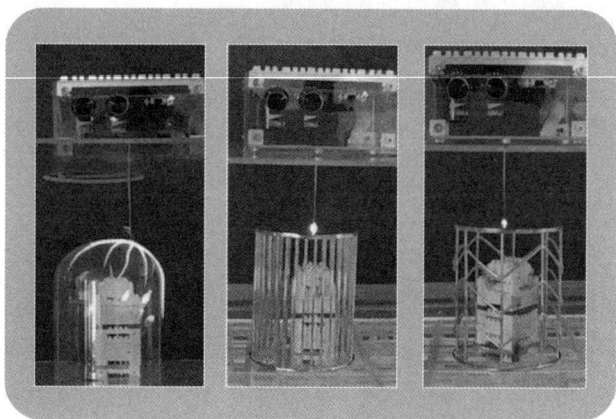

图 7　闪电点亮氖泡，进行静电屏蔽的演示

3.**引导学生推理：**尽管封闭金属罩无法看见内部的氖泡，但通过不同稀疏程度的金属网实现屏蔽可推理出金属罩也具有屏蔽的作用。

把一个电学仪器放在封闭的金属罩或金属网里，即使外部有电场，但金属罩或金属网内电场强度保持为 0，外电场对内部仪器不会产生影响。我们把金属罩或金属网的这种作用叫作静电屏蔽。

4.引导学生运用静电平衡的知识进行静电屏蔽原理的解释。

学生活动：

思考并回答：内部场强为 0，所以内部灯泡不受电场影响。

教师活动：

引导学生了解更多静电屏蔽的应用。比如高压电线上工作的工人，除了穿着绝缘衣物，还要带上金属面罩；高压线本身也通过增加的几根电线构成非常稀疏的金属网来保护电线免遭雷电的损坏。电缆的铜芯外除了包有绝缘层外，还需要加上铝箔和铜线编制网。电子线路板的包装袋也采用包括金属图层的屏蔽袋。

问题 4：如何消除建筑物烟囱中的烟尘？

教师活动：

1. 进行静电除尘的实验演示，如图 8 所示。

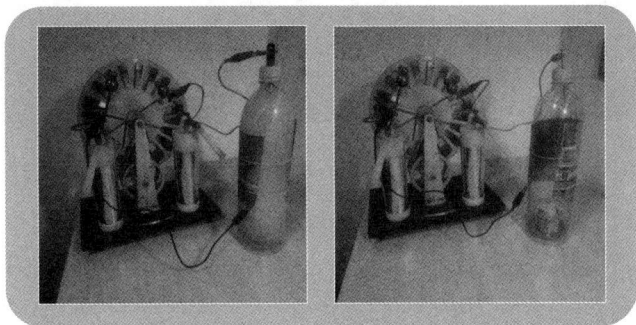

图 8　建筑物起火后的静电除尘

2. 引导学生阅读文本，并进行静电吸附的知识总结，了解相关应用。

3. 引导学生完成课后习题，以考查关于静电平衡、静电知识的掌握情况。

设计意图：在大任务情境下，形成子问题，在完成子问题的过程中理解相关基础知识并了解更多应用，在每个问题的解决过程中生发下一问题，形成问题链。

（四）延伸问题：把产生电场的带电体罩起来能否保护外部物品不受内部电场的影响呢？

教师活动：

1. 提出问题：把产生电场的带电体罩起来能否保护外部物品不受内部电场的影响呢？

2.引导学生思考运用什么样的方法来解决问题。(实验探究、模型建构、科学推理)

3.进行实验演示,如图9、图10、图11所示,引导学生进行模型建构。

图9　未罩金属罩　　　图10　罩上金属罩,未接地　　图11　罩上金属罩,接地

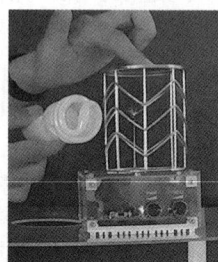

4.布置课后思考:外屏蔽的基本原理。

设计意图:利用外屏蔽现象进一步激发学生的探究兴趣,引导学生运用本节课的一些思维方法,如模型建构、实验探究、科学推理等进行问题解决和原理分析,以促进知识和方法的共同发展,提升课堂外延。

【学习收获】

1.通过本节课的学习,你有哪些收获?

(1)学习了静电平衡状态以及静电平衡状态下的导体特点。

(2)通过实验了解了尖端放电、静电屏蔽现象及其成因。

(3)能分析讨论静电在激光打印、静电喷雾和静电除尘等技术中的应用。

(4)知道如何在有可燃气体、粉尘的环境中防止静电事故。

2.解释引入课题时的问题"如何让建筑物免受闪电损毁?"。

3.尝试用知识结构思维导图梳理本节课所学知识。

【作业布置】

1.图12中P是一个带电体,N是一个不带电的金属空腔,在下列情况下,放在绝缘板上的小纸屑(图中S)不会被吸引的有(　　　)。

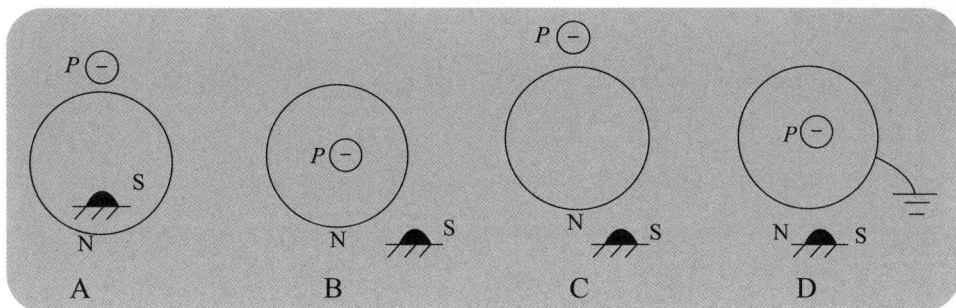

图 12

2.请用学过的电学知识判断，下列说法正确的是（　　　　）。

A.电工穿绝缘衣比穿金属衣安全

B.制作汽油桶的材料用金属比用塑料好

C.小鸟停在高压输电线上会被电死

D.打雷时，待在汽车里比待在木屋里要危险

3.**思考：**把产生电场的带电体罩起来能否保护外部物品不受内部电场的影响呢？

4.通过上网查询资料回答问题：为什么加油站附近不允许使用手机？

八　板书设计

第四节　静电的防止与利用	
一、静电平衡 特点： 1. $E_内=0$，导体内电荷不再定向移动。 2. 导体内部无净电荷，电荷只分布在外表面。 3. 尖锐处电荷更密集，周围电场强度大。 二、尖端放电	三、静电屏蔽 四、静电吸附

专家点评

本节实验教学案例课堂情境化特点突出，教师以模拟闪电进行引入，此核心情境贯穿始终，使学生沉浸于真实的生活体验之中，理论探究与实验相结合，通过创设情境帮助学生建构静电平衡模型，引领学生不断修正模型，强化相互作用观，在情境中学习知识、运用知识，学生经历丰富，体验深切，印象深刻。

从物理观念维度来看，本节实验教学案例涉及物质观、运动与相互作用观和能量观，教师带领学生分析了静电感应的过程，理解静电平衡的概念，并应用在生活中。

从科学思维维度来看，本节实验教学案例逻辑线清晰，结合学生认知的实际情况确定适当的探究点，以闪电的危害、闪电的形成原理、防护闪电措施作为探究主线，将静电的知识融入其中，在教师的引领下，一步步学习物理知识、构建物理模型、解决实际问题，有效提升了学生的科学思维素养。

从科学探究维度来看，本节实验教学案例的知识学习进程是基于成功的物理实验，实验设计有新意，以特斯拉线圈形成的"掌中闪电"作为核心实验，演示尖端放电、模拟雷击、静电屏蔽等实验，重点突出。问题与实验相互引领探究进程，很好地调动了学生学习的积极性和主动性，学生经历运用运动与相互作用观念解释实际问题的过程。

从科学态度与责任来看，本节实验教学案例引领学生主动了解静电知识在生活和生产中的应用价值，并促进学生养成认真观察身边与物理有关的现象的习惯，引发学生思考现象的科学本质，体会科学、技术、社会、环境的关系。

本书实验教学案例的不足之处是缺少学生参与的实验，学生的切身体验略显不足。如果能设计一个使学生手指放电的实验（安全范围内），让学生真切体会电击的感觉，并意识到是手指尖放电而不是手掌放电，效果会更好。

"电容器的电容"实验教学创新案例

教科书版本及对应章节：教育科学出版社《普通高中教科书 物理 必修第三册》第一章第八节

授课年级：高中二年级

设计人：江苏省扬州市树人学校 沃诚

一 教材分析

电容器作为一种重要的电学元件，有着广泛的应用。本节课知识属于学习完匀强电场后的一个重要应用，也是后续学习交流电路（电感和电容对交流电的影响）和电子线路（电磁振荡）的预备知识，在教材中起着承上启下的作用，是这一章的重点和难点。

《普通高中物理课程标准（2017年版2020年修订）》对本节课的要求是观察常见的电容器，了解电容器的电容，观察电容器的充、放电现象。能举例说明电容器的应用。教材通过引入莱顿瓶、照相机闪光灯引出了电容器的构造和功能，然后通过实验观察认识电容器的充、放电过程，建立电容的概念，接下来通过实验探究影响平行板电容器电容的因素，最后举例介绍常见的电容器及应用。"发展空间"栏目，引导学生进一步认识电容式传感器和电容器的储能。

在"观察电容器的充、放电现象"的实验中，不易观察电流大小的变化；在"电容器的电容"教学过程中，因现行教材没有明确的实验方案，学生对电容器的 Q 与 U 的比值是否恒定是存在疑问的，因此通过利用、改进实验方案突破重难点。

二 学情分析

知识基础：

1. 掌握电流形成的条件及判断电流方向的方法。

2. 了解 $v-t$ 图像中利用面积求位移的方法。

3. 对用比值法定义物理量有一定的了解。

心理特点：

1. 学生已初步完成从形象思维的经验水平到抽象思维的理论水平的转变。

2. 对有动手操作的探究实验及课堂以外的新事物有较强的学习兴趣。

认知困难：

1. 电容器充放电过程中电流、电压及能量变化较为复杂。

2. 电容概念较为抽象。

三 学习目标

1. 通过实验观察电容器的充、放电现象，知道电容器的作用，能够分析电流、电荷量变化及能量转化。

2. 经历实验探究电容器两极板间电势差与所带电荷量关系和用物理量之比定义电容的过程，构建电容的概念。

3. 运用自制恒流源通过经历问题、验证、解释、交流的科学探究过程，提高解决问题的能力。

4. 通过实验培养实事求是、尊重客观规律的科学态度。

四　教学重难点

教学重点：通过实验建构电容的概念。

教学难点：理解电容器的充、放电过程。

五　教学准备

PPT、学案、自制创新器材、J1209-2 型高中教学电源、50 V-2200 μF 电解电容器一个、50 V-1000 μF 电解电容器一个、单刀双掷开关一个、放电电阻一个、数字式演示多用电表两个、导线若干。

六　教学流程图（图 1）

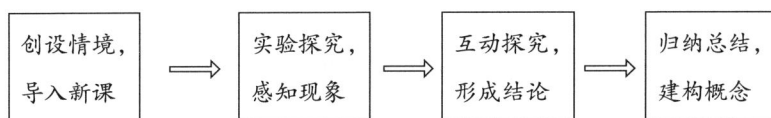

创设情境，导入新课　→　实验探究，感知现象　→　互动探究，形成结论　→　归纳总结，建构概念

图 1

七　教学过程描述

【新课引入】

创设情境，导入新课

虽然电容器在各种电子仪器中有广泛的应用，但学生对其作用缺少感性的认识。本节课通过视频引入电容器的充、放电现象。

目的： 让学生体验电容器储存电荷的本领的同时并与电源产生区分，从而导入新课，以感性认识促进学生主动探索电容器的功能。

结构： 利用灵敏电流表、单刀双掷开关、电容器、J1209-2 型高中教学电源和导线，连接如图 2 所示电路。

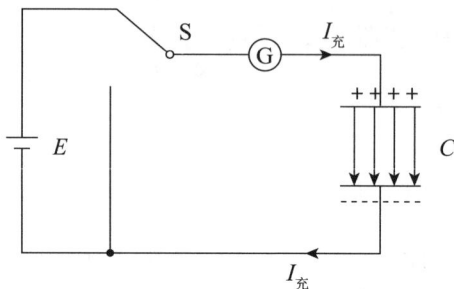

图 2

视频： 单刀双掷开关分别接触不同端点，观察灵敏电流表指针偏转状态。

现象： 开关接干电池供电，灵敏电流计向右偏转后归零；开关接电容器供电，灵敏电流计向左偏转后归零。

结论： 电容器可以储存电荷。

通过实验观察和问题引导学生自主得出结论，教师归纳总结。

【新课教学】

1. 实验探究，感知现象

在"观察电容器的充、放电现象"的实验中，充、放电时电流变化都很快，学生可以观察到电流方向的变化，但不易观察到电流大小的变化。主要原因是灵敏电流计指针的初始位置是 0 刻度，不易读出初始电流，容易使学生误认为所测电流经历了由小变大的过程。本环节设计了一个探究实验。

目的： 延长实验时间，让学生能够在充、放电实验中准确读出初始电流并分析电流、电压、电荷量的变化及能量的转化。

仪器： 自制电路板 1。

结构： J1209-2 型高中教学电源、50V-2200μF 电解电容器一个、单刀双掷开关一个、放电电阻一个、数字式演示多用电表两个、导线若干，连接如图 3 所示电路。

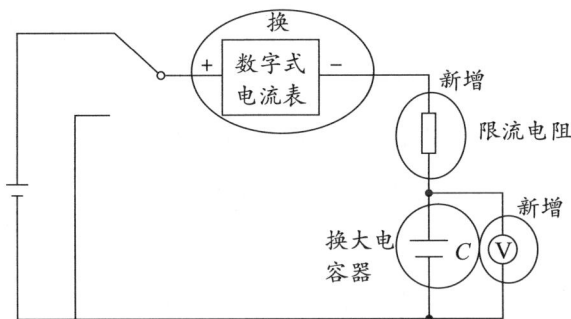

图 3

设计思路： 更换更精密的测量仪器，将灵敏电流表换成数字式电流表，实现初始电流的读数；更换电容更大的电容器；增加限流电阻，使实验时间延长，便于学生记录与分析数据，实现与数字化信息系统结果近似的效果；增加电压表，显示出电容器的充、放电过程中电荷量的改变，伴随着电压变化，自然过渡到电容概念的建立。

现象： 显示出充、放电的初始电流及电流、电压的变化，对比用数字化信息系统得到的实验图像，图像相似，如图 4、图 5 所示。

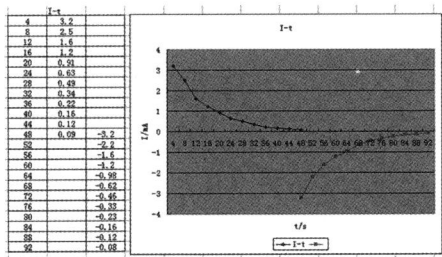

图 4

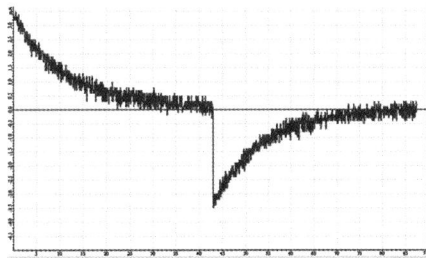

图 5

结论： 创新性实验方案与数字化信息系统实验结果相似，两种方法等效。电容器充电的过程中，两极板电荷量增加，极板间电场强度增大，电源的能量不断储存在电容器中；放电的过程中，两极板电荷量减少，极板间电场强度减小，电容器把储存的能量转化为其他形式的能量。

通过实验观察和问题引导学生自主得出结论，教师归纳总结。

2. 互动探究，形成结论

电容器是一个形象化的实物，而电容是一个十分抽象的概念。电容由比值定义而来，反映电容器容纳电荷本领的强弱，这是学生学习的重点，也是学生学习的难点。本环节设计一个探究实验。

目的： 研究电荷量与电势差之间的具体定量关系。

结构： 自制恒流源（由一个高压运算放大器芯片、一个 N–MOS 管、两个定值电阻和一个可变电阻焊接而成）、50 V–2200 μF 电解电容器一个、50 V–1000 μF 电解电容器一个、单刀双掷开关一个、放电电阻一个、数字式演示多用电表两个、导线若干。连接成如图 6 所示的电路。

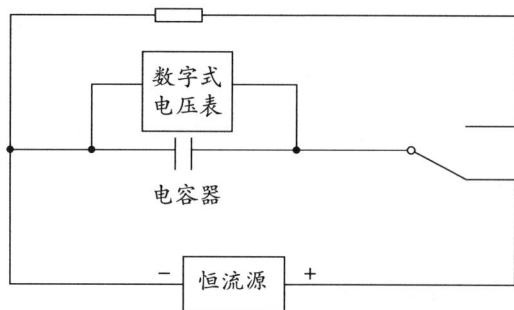

图 6

实验设计思路： 由于运算放大器采样反馈的频率较快，通过 N–MOS 的有效电流可近似于一个恒定电流，进而可以对负载恒流充电。根据转换法，由 $Q=It$，可通过恒流源供电将不易测量的电荷量 Q 转换成容易测量的时间 t，如图 7 所示。

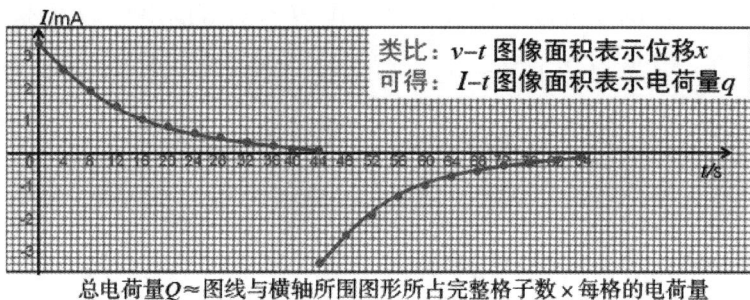

图 7

操作：利用恒流源给电容器充电过程中，每隔 3 s 记录电路中电流、电容器两端电压；重复 3 次，取平均值；换一个电容器，重复以上步骤。将数据输入 Excel 表格中（见表 1），形成 U-t 图像（如图 8）。

学生活动：分组实验，记录数据。

表 1

t/s	U_A/V	U_B/V
3		
6		
9		
12		
15		

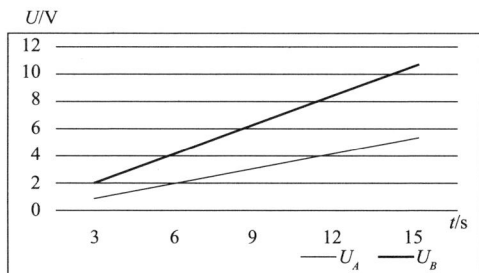

图 8 U-t 图像

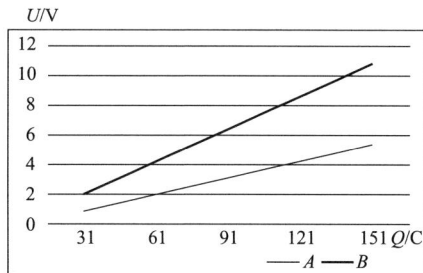

图 9 U-Q 图像

结论：通过图 9 可以观察到，任一电容器两端的电压 U 和充电时间 t 近似成正比。因为 $Q=It$ 且 I 一定，所以 U-t 图就可以转换为 U-Q 图。通过对图像的分析，总结出对于同一个电容器而言，在误差允许范围内，Q 与 U 成正比，即 $\dfrac{Q}{U}$ 是一个常量。使用不同的电容器，该比值一般是不同的。

误差分析：此恒流源对电容器的充电过程中，当电容器电压在 1 V 以下时，电流偏大（但波动不足 2%）。记录电压时人有反应时间，读数时电压表数值在变动。

3.归纳总结，建构概念

教师总结归纳：这个比值反映的是电容器本身的性质，即电容器储存电荷的能力，在此基础上教师给出电容的定义式。

【**学习收获**】

1.认识到电容器的作用。

2.通过探究实验得到：电容器两极板间的电势差跟所带电荷量的关系，进而得到电容的概念。

3.在实验设计过程中要有创新的意识，注意在实验中合理运用等价性。

4.学会制作一个简易电容器。

【**作业布置**】

1.一电容器的电容是 50 pF，两极板间的电压是 30 V，求电容器所带的电荷量。

2.通过上网查阅资料，了解电容器在照相机闪光灯中的作用。

3.小组合作：利用身边材料自制电容器，看哪个小组电容器储存电荷的本领更强。

八 板书设计

第 8 节　电容器的电容	
一、电容器的充、放电过程	二、电容器的电容
1.充电: I减小, Q增加, E增大。 2.放电: I减小, Q减少, E减小。	1.概念: 电容器所带电荷量与两端电压的比值。 2.物理意义: 表征电容器储存电荷的能力强弱。 3.符号: C。 4.公式: $C=\dfrac{Q}{U}$。 5.单位: 法拉, 符号是 F。

专家点评

　　沃诚老师设计的这一节实验教学案例通过两个创新实验使学生充分认识到电容器的工作过程及用电荷量与电压比值定义电容的方法。

　　第一个实验中, 将灵敏电流计换成数字式电流表, 实现了初始电流的读数, 避免学生误认为电流存在从小变大的过程; 更换电容更大的电容器, 增加限流电阻, 使实验时间延长, 便于学生记录与分析数据, 得到了与数字化信息系统相似的效果; 增加电压表, 显示出电容器的充、放电过程中电荷量的改变, 伴随着电压变化, 自然过渡到电容概念的建立。本实验教学案例学生通过亲自操作、记录数据、绘图像, 可以充分观察到电容器的充、放电过程中电流的变化, 避免了利用数字化信息系统直接得出图像致使学生参与度较低, 使学生对电容器的理解更深刻。

　　第二个实验探究电容器的电荷量与电压的关系, 课本原实验通过电荷量平分的方法得到几组电荷量与电压的比值为定值。原实验得到数据较少, 利用数格法测电荷量操作较麻烦。沃老师设计本实验的创新点在于自制了恒流源, 根据转换法, 由 $Q=It$, 可通过恒流源供电将不易测量的电荷量 Q 转换成容易测量的时间 t。既可以获得多组数据, 使得到的实验结论更具说服力，同时操作也更简单。通过定量探究使学生真正经历电容概念的建立过程，可以很好地和课本中的方案形成互补，既可以开拓学生的视野，又可以激发学生自我创新、动手实验的兴趣。

不足之处有以下几点，在教学设计中，实验二环节教师自己制作了恒流源，但是提供的 I 随 t 变化图像中电流随时间是变化的，图像可能有错误。实验二中的 $U-t$ 和 $U-Q$ 图像建议延长至坐标轴，这样可以使学生更清晰地观察到它们之间的正比关系。另外对于恒流源的制作已超出学生的认知范围，图像和原理可以不必进行说明。

教师在讲授本堂课时要不断引导、启发学生，使学生真正经历一个思考、猜想、实验设计以及合作探究的过程。通过这样不断地对学生进行引导、分析、探究，一定能使他们养成日常生活中多观察、多思考、多动手的好习惯，同时也贯彻了物理课程标准中对培养科学探究思维能力的要求。

"电容器的电容"实验教学创新案例

教科书版本及对应章节：人民教育出版社《普通高中教科书 物理 必修
第三册》第十章第四节

授课年级：高中二年级

设计人：江西省南昌市第二中学　邹新政

一　教材分析

本节是"静电场中的能量"中静电场知识的应用部分，让学生认识一
种能够储存电能的器件——电容器，也是接下来研究带电粒子在电场中运
动情况的建模基础。

《普通高中物理课程标准（2017 年版 2020 年修订）》对本节课的要求
是观察常见的电容器，了解电容器的电容，观察电容器的充、放电现象。
能举例说明电容器的应用。

教材通过类比水容器引出电容器的构造和功能，然后通过实验观察与
探究电容器的充、放电过程，建立电容的概念，最后举例介绍常见的电容
器及应用。在"拓展学习"栏目中，引导学生利用传感器定量探究电容器
的充、放电过程，通过实验研究影响平行板电容器电容的因素。

二 学情分析

知识基础：

1. 掌握电流的形成条件及方向的判断方法。

2. 对数据采集器有一定的了解。

心理特点：

1. 对贴近生活、理论联系实际的内容感兴趣。

2. 对动手操作的探究实验有较强的学习兴趣。

认知困难：

1. 所涉及的概念多且抽象。

2. 建构电容概念的实验设计中，电荷量的测量较为困难。

三 学习目标

1. 观察"莱顿瓶"模型及模拟实验，并与锡箔纸电容器做对比，对电容器的结构有初步认识，并通过观察和拆解电容器，认识电容器的结构，建立电容的概念。

2. 通过设计实验，结合教师自制数字化教具，对所得图像进行分析，得出电容器的充、放电规律，增强学生数学抽象思维能力，并得到电容的定义式。

3. 学会用控制变量法定量探究影响电容器电容的因素，得出电容的决定式。

4. 通过阅读资料，了解我国研制成功的超级电容器，并能够了解电容器在电焊机、闪光灯中的工作原理，提升对科学技术的兴趣，并激发民族自豪感。

四　教学重难点

教学重点：通过实验建构电容的概念。

教学难点：理解电容器的充、放电过程。

五　教学准备

PPT、自制莱顿瓶、自制锡箔纸电容器、工业用电容器、自制数字化设备（包括自制数字电流表和自制数字电压表）、数字电容表、自制电焊机等。

六　教学流程图（图1）

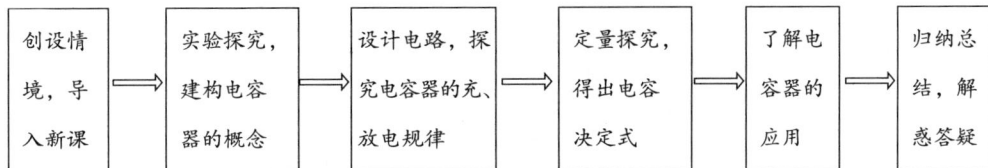

创设情境，导入新课 → 实验探究，建构电容器的概念 → 设计电路，探究电容器的充、放电规律 → 定量探究，得出电容决定式 → 了解电容器的应用 → 归纳总结，解惑答疑

图1

七　教学过程描述

【新课引入】

创设情境，导入新课

以富兰克林在雷雨天放风筝，将雷电储存在"莱顿瓶"中这一物理学史作为引入。

目的：让学生通过学习物理学史，了解前人勇于探究的科学精神。

【新课教学】

（一）实验探究，建构概念

1.知道了"莱顿瓶"的功能，但对"莱顿瓶"的结构并不了解。设计了储电并放电的实验。

目的：让学生通过现场制作的"莱顿瓶"及"乌云"，初步体验"莱顿瓶"储存电荷的本领。

仪器：自制"莱顿瓶"和"乌云"。

结构：利用锡纸、塑料瓶、导线、盐水、静电起电机、棉花、支架等，制成如图 2 所示模型。

演示：闭合静电起电机开关，让"乌云"放电，并用"莱顿瓶"存储"乌云"中的"雷电"。

现象：看到电火花产生，说明"莱顿瓶"可以储存电。

图 2

2.制作锡箔纸电容器，使其构造与"莱顿瓶"相似，使其具有和"莱顿瓶"一样的"储电"特性。

目的：通过锡箔纸电容器模型，进一步引发学生对"莱顿瓶"结构的思考，认识电容器的基本结构。

仪器：自制锡箔纸电容器。

结构：由两张 A4 纸大小的锡箔纸构成，用塑料薄膜裹住并平行叠放在一起，如图 3 所示。

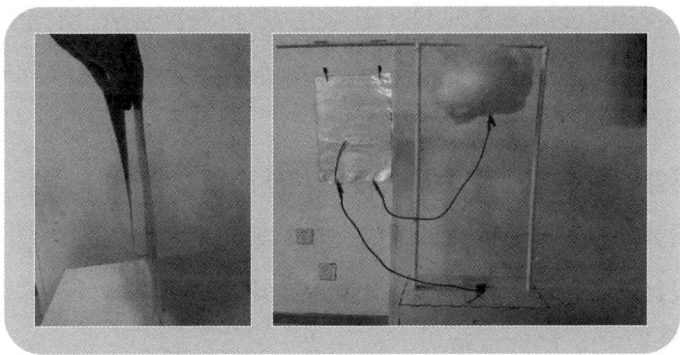

图 3

演示：闭合静电起电机开关，让"乌云"给锡箔纸电容器充电。

现象：发现电火花。

3. 基于以上对电容器模型的认识，再设计拆解实际工业用的电容器，对比"莱顿瓶"和"电容器"的结构特点，破解"莱顿瓶"储电的秘密。

目的：观察工业用电容器的结构，找出"莱顿瓶"这类储存电荷的电容器结构的相似性，引入电容的概念和基本结构。

仪器：工业用电容器、自制"莱顿瓶"，如图 4 所示。

现象：发现电容器是由两个金属片间隔一层绝缘纸卷起后构成。揭秘"莱顿瓶"的结构——内部盐水作为一级金属板，瓶子外面的锡箔纸作为另一个金属板，瓶身为绝缘物质。

结论："莱顿瓶"即为一种电容器。

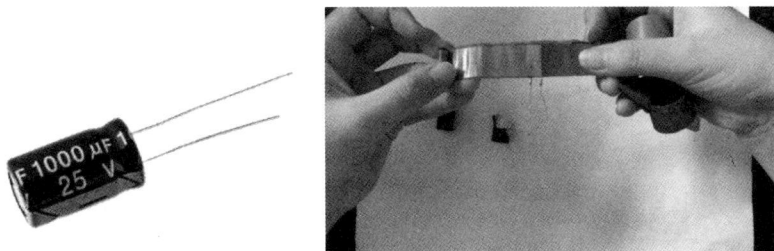

图 4

（二）设计电路，探究规律

1.学生已经知晓电容器可以充电和放电，但不知其充、放电的规律。

目的：发挥学生主观能动性，让学生设计探究电路，研究电容器的充、放电的规律，在探究、思考的过程中，培养学生分析、解决问题的能力和沟通、合作的能力。

设计思路：引导学生在设计过程中，逐次增加电路的功能。

电路设计 1.0：要求实现基础的充电和放电功能。

电路设计 2.0：将充、放电整合到一个电路中。

电路设计 3.0：增加电流表、电压表。

以师生活动，不断功能迭代的教学方式，让学生在黑板上画出探究电容器的充、放电基本规律的电路图。

2.基于学生绘制设计完成的电路图，教师结合自制数字化教具及相关软件，帮助学生进行数据处理。

目的：利用教师自制教具，结合学生所设计的电路图，得出电容器的充、放电的 U–t 和 I–t 图像，引导学生对图像进行分析，通过实验探究得到电容器的充、放电的结论，提升学生对科学技术的兴趣。

仪器：自制数字化教具、开关 2 个、干电池若干、电容器 2 个、定值电阻、磁铁条若干。

设计思路：教师利用自制数字化教具（其背部贴上磁铁条，可直接吸附在黑板上），在学生设计的电路上搭建器具（其中，自制数字化教具采用蓝牙数据连接，保证实物电路和理论电路完全一致，数据在相关软件上呈现）。

结论：电容器的充、放电过程中，电流方向相反，大小变化相反。充电时，电压升高，放电时，电压降低。

3.在以上定性分析结论的基础上，对学生设计的实验进行完善，得到两个对比实验，定量探究电容器的定义式。

目的：师生通过对实验数据的分析，引导学生得出电容器的 $\dfrac{Q}{U}$ 是一个定值，结合课本概念，将此比值命名为电容器的电容。

操作：

（1）**实验1：不同电压，同一电容器的充放电**

分别使用 1.6 V 和 3.2 V 两种电源进行电容器充、放电实验（图5）：先断开 S_2、闭合 S_1 使电容器充电，再断开 S_1、闭合 S_2 使电容器放电，使用自制无线数字化设备，在相关软件上呈现电容器充、放电的 $U\text{-}t$ 和 $I\text{-}t$ 图像，引导学生得出 $\dfrac{Q}{U}$ 是定值的结论。

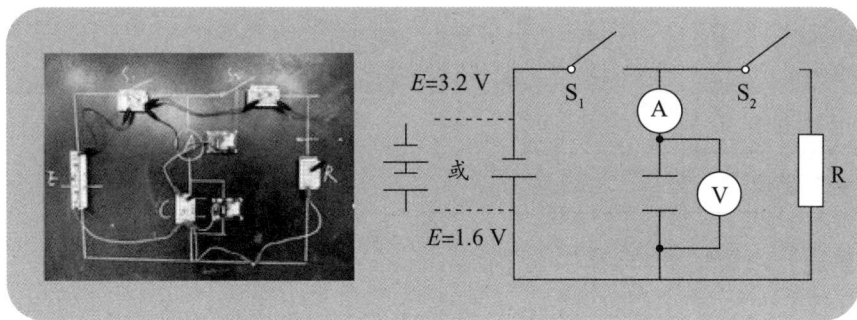

图 5

记录数据（表1）：

表 1

序号	U	Q	$\dfrac{Q}{U}$
1	1.6 V		
2	3.2 V		

（2）**实验2：同一电压，不同电容器**

连接电路如图6所示，电压 3.2 V，电容器 $C_1=1\,000\ \mu\text{F}$、$C_2=3\,300\ \mu\text{F}$，闭合 S_1、断开 S_2，再闭合 S_2、断开 S_1，利用自制的两个数字无线电流表和一个数字无线电压表，分别记录实验数据。

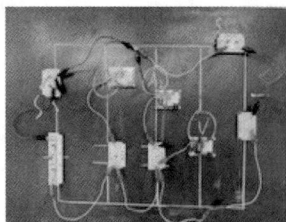

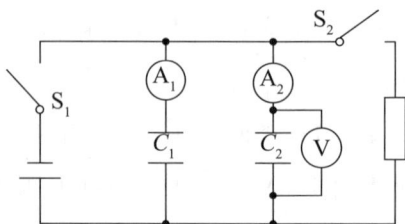

图 6

记录数据（表 2）：

表 2

序号	U	Q	$\dfrac{Q}{U}$
电容器 1	3.2 V		
电容器 2	3.2 V		

结论：电容器的 $\dfrac{Q}{U}$ 是一个定值。

教师带领学生根据实验结论，结合课本得到电容器的定义式：$C = \dfrac{Q}{U}$。

（三）定量探究，深入理解

区别于课本的实验（图 7），传统实验使用静电计和平行板电容器相连，只能定性判断电容器决定式。因此，设计出定量探究影响平行板电容器电容因素的实验。

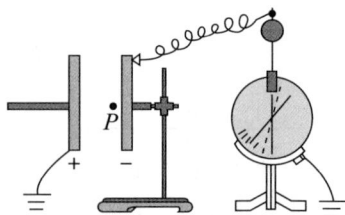

图 7

目的：通过控制变量法探究影响平行板电容器电容的因素，并得出电容的决定式。

仪器：胶带、锡箔纸、木板、数字电容表，制作如图 8 所示教具。

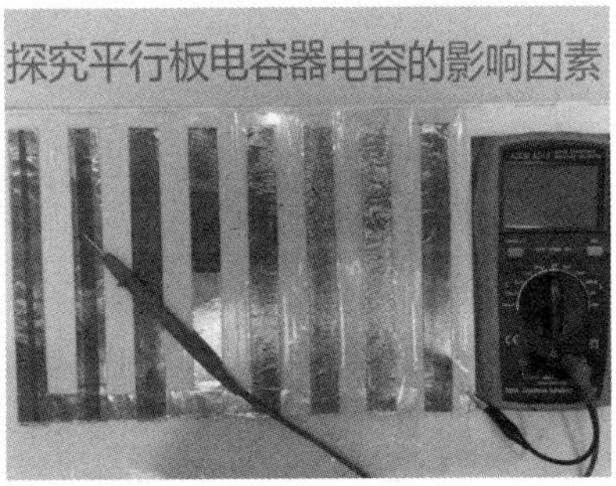

图 8

设计思路：设计 8 组对比实验，以锡箔纸的大小表示不同正对面积 S，以透明胶带的层数表示间距 d，并设计用纸张替代胶带的一组电容器，使用数字电容表测量这 8 组数据，记录数据。

操作：将黑表笔放置于电容器背部极板（锡箔纸）引出的导线一端，红表笔放置于电容器正面极板（锡箔纸），利用数字电容表测量 8 组数据，记录在表 3 中。

表 3

组别	1	2	3	4	5	6	7	8
面积 S	$\dfrac{S}{4}$	$\dfrac{S}{4}$	S	$\dfrac{S}{2}$	S	S	S	S
间距 d	d	d	d	d	$2d$	$4d$	$8d$	$2d$
介质	胶带	胶带	胶带	胶带	胶带	胶带	胶带	纸张
电容 C（nF）								

结论：电容与两极板正对面积成正比，与两极板间距成反比，且与夹层材料有关。

（四）电容器的应用

学生现已对电容器和电容的基本概念与规律有了基本的认识，但还不清楚电容器在日常生产生活中的具体应用。

目的：教师通过展示我国研究成功的超级电容器和自制金属电焊机，感受物理在生产生活中的作用，激发民族自豪感与社会责任感。

教师活动：

（1）现场展示超级电容器和普通电容器的区别，用超级电容器做"储能电池"。

（2）现场演示，用电容器制成金属电焊机，焊接不锈钢钢盆。

【学习收获】

1.通过本节课的学习，你有哪些收货？

（1）学习了什么是电容器和电容，知道了电容的定义式。

（2）通过设计实验，知道电容器的充、放电原理。

（3）通过控制变量法，了解影响电容的因素，得出电容器的决定式。

2.利用本节所学知识，解释照相机闪光灯、电容式键盘的工作原理。

3.尝试用思维导图梳理本节课所学知识。

【作业布置】

1.如图9所示，计算机键盘每个按键下面都连有一块小金属片，与该金属片隔有一定空气间隙的是另一块固定的小金属片，这组金属片组成一个可变电容器。当连接电源不断电，按下某个键时，与之相连的电子线路就给出该键相关的信号。当按下键时，电容器的（　　　）。

A.电容变小

B.极板的电荷量变小

C.极板间的电压变大

D.极板间的场强变大

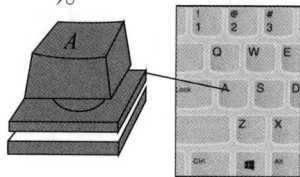

图9

2. 心室纤颤是一种可能危及生命的疾病，很多学校都配备心脏除颤器（如图 10 所示），其工作原理是通过充电的电容器对心颤患者皮肤上的两个电极板放电，让一部分电荷通过心脏，使心脏除颤后瞬间静止，再刺激心颤患者的心脏恢复正常跳动。以下是一次心脏除颤器的模拟治疗，该心脏除颤器的电容器电容为 40 μF，充电电压为 4.0 kV，除颤过程在 10 ms 时间内完成放电，以下说法正确的是（　　）。

图 10

A. 本次除颤通过人体组织的电荷量为 0.16 C

B. 如果充电电压变为 2.0 kV，则电容器的电容变为 20 μF

C. 电容器的带电荷量是两块极板带电荷量绝对值之和

D. 放电过程中电流大小保持不变

八　板书设计

第四节　电容器的电容	
一、平行板电容器 1. 平行板电容器的结构： → 金属极板 → 绝缘物质 → 金属极板 2. 电容器在电路中的符号：	三、电容器的电容 1. 概念：电容器所带电荷量与两端电压的比值。 2. 物理意义：反映电容器储存电荷本领的强弱。 3. 符号：C。 4. 定义式：$C = \dfrac{Q}{U}$。 5. 决定式：$C = \dfrac{\varepsilon_x S}{4\pi k d}$。 6. 单位：法拉，符号是 F。
二、电容器的充、放电过程	

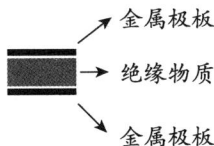

专家点评

对学生来说，电容器和电容都是全新的概念，理解上有一定难度。教师设计了环环相扣的实验，在实验的基础上引导学生进行分析和综合，建立电容的概念，了解电容的物理意义，促进学生深入思考，完善各方面物理核心素养。

从物理观念素养方面分析，本节课在电容器的定义和研究过程中发展了物质观，在电容器的充、放电中发展了运动和相互作用观及能量观。

从科学思维素养方面分析，教师自制"莱顿瓶"，工具简易，材料简单，具有生活化特点，增强学生体验，引领学生通过实物认识电容器并能初步抽象出电容器的概念。展示锡箔纸电容器，并拆解工业用电容器，让学生认识电容器的基本构造，用最简单的平行板电容器突出一般电容器的共同特点，采用从特殊到一般的思路，构建了电容器的模型，发展学生的科学思维。在研究电容器的充、放电的基本规律过程中，实验方案能够启发学生积极猜想，推理判断，并尝试解释，而且能有效提升学生主动释疑的能力；教师采用数字化系统进行演示，非常直观，使抽象的过程具体化、形象化，使学生对电容器的认识更加全面、丰富，并在观察实验过程中进行科学推理和论证，在探究过程中继续完善科学思维。

从科学探究素养方面分析，构建电容的概念是本节课的难点和重点，邹老师引领学生经历实验探究电容器电势差与所带电荷量之间的关系的过程，采用两组对比实验，运用控制变量法，通过实验引发学生思考，学生易于理解用比值法定义电容的意义，降低了新概念的理解难度，培养了学生的实验观察能力和科学探究能力。探究平行板电容器的决定式，实验直观，采用改变倍数的方式改变正对面积 S 或板间距离 d，直接用电容表测量电容，这些操作便于学生理解、分析和运算，弥补了教材上实验方案不能定量的缺点。在探究平行板电容器电容决定式的过程中,学生围绕问题(电容决定因素)寻找证据(实验改变 S 或 d),对实验现象进行解释和交流,经历了完整的科学探究过程。

从科学态度与责任素养分析,在"电容器的应用"环节,超级电容器和金属电焊机均能体现电容器在生活、生产中的广泛应用,引导学生关注和热爱生活,把物理知识运用于生产和生活,解决实际问题,发展学生的科学态度和社会责任。

本节"定量探究平行板电容器电容决定式"的实验,只能用控制变量法得到电容 C 与两板正对面积 S 或板间距离 d 的关系以及与插入其中的电介质有关的结论,尽管电容的具体数值可由数字电容表直接读出,但后续并没有对物理量 C、S、d 的处理以及决定式的得出过程进行进一步说明,这一点需要教师继续完善。

"对寻求碰撞中的不变量实验的改进" 实验教学创新案例

教科书版本及对应章节：人民教育出版社《普通高中教科书 物理 选择性必修 第一册》第一章第一节

授课年级：高中二年级

设计人：北京师范大学良乡附属学校　郭兴冉

一　教材分析

　　动量是物理学中的重要概念，无论是宏观物体的低速运动和相互作用，还是微观粒子的高速运动和相互作用，都可以用动量概念加以描述。本节课为接下来动量定理和动量守恒定律的学习做了概念上的铺垫。

　　《普通高中物理课程标准（2017年版2020年修订）》对本节课的要求是理解冲量和动量。教材以两个完全相同钢球的对心碰撞为切入点引入，让学生对碰撞中的不变量提出猜想，然后通过从特殊到一般、从定性到定量的科学探究过程，逐步达到对碰撞中的不变量的正确认识，建立动量的概念。

　　但教材上的两个演示实验，均为将球悬挂于一根绳下，不易于实现一维碰撞，第二个探究实验不易保证两球仅质量不同。因此通过改进、设计实验方案突破重难点。

二　学情分析

知识基础：

1. 掌握牛顿运动定律和运动学的相关内容。

2. 学习了机械能守恒定律，能从能量角度分析问题，对守恒思想有一定的认识。

3. 学生具有完成实验方案设计、进行操作、记录数据、分析数据并得出结论的基本实验探究能力。

心理特点：

1. 有很强的活动欲望，对联系社会和生活实际的内容有较大的兴趣。

2. 能够独立提出问题，并渴求解决问题，对评价与自我评价有浓厚的兴趣。

认知困难：

1. 寻求碰撞中不变量的思维落脚点较抽象。

2. 滑块的运动过程较为复杂，实验探究性强。

三　学习目标

1. 认识到碰撞中存在守恒量，知道动量的概念及单位，深化运动与相互作用的观念。

2. 经历构建模型、设计实验方案的过程，体会抽象与概括的科学思维方法。

3. 经历寻求碰撞中守恒量的过程，在多轮"观察现象、提出问题、进行猜想、设计方案、收集证据、分析数据、得出结论"的探究活动中，体会猜想和推理的重要性。

4.体会科学探究过程的曲折，养成科学探究的意识和勤于思考、勇于质疑的精神。

四 教学重难点

教学重点：通过实验探究碰撞中的守恒量，建立动量概念。

教学难点：设计可行性较强的实验方案。

五 教学准备

PPT、学案、质量相同的钢球、自制塑料球、悬线、气垫导轨、光电门、滑块、配重、数据采集器及数据线、软件等实验器材。

六 教学流程图（图1）

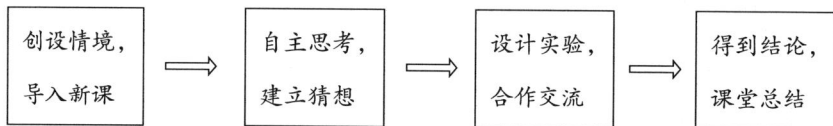

创设情境，导入新课 ⇒ 自主思考，建立猜想 ⇒ 设计实验，合作交流 ⇒ 得到结论，课堂总结

图1

七 教学过程描述

【新课引入】

创设情境，导入新课

碰撞是一种普遍存在的现象，但学生缺少对碰撞中的不变量的初步认识。本节课设计了一个探究实验。

目的：让学生建立一维碰撞的模型，通过机械能守恒定律分析质量相同的钢球发生一维碰撞前后速度"交换"，从而导入新课，以感性认识促进学生主动探索碰撞中的不变量。

仪器：摆球质量相同的双线摆。

结构：利用两个质量相同的钢球和四根细线制作双线摆，如图 2 所示。

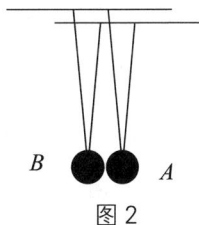
图 2

操作：两个完全相同的钢球发生碰撞，观察 A 球下降高度与 B 球上升高度的关系。

现象：碰后 A 静止，B 运动，A 球下降高度与 B 球上升高度几乎相等。

结论：球 A 碰前和球 B 碰后速度相等，碰撞中的守恒量为系统的速度之和。

通过实验观察和问题引导，学生自主得出结论，教师归纳总结。

【新课教学】

1. 自主思考，建立猜想

通过改变条件检验质量相同的钢球发生一维碰撞时出现的速度"交换"现象是否具有普遍意义，使学生体验从特殊到一般的科学探究过程。本环节设计一个探究实验。

目的：让学生认识到碰撞中的守恒量与质量、速度有关，猜想守恒量的具体形式。

仪器：长度相同的细线、钢球、3D 打印的塑料球。

设计思路：用长度相同的细线，分别悬挂钢球 B 和塑料球 C，让它们并排放置，拉起钢球 B，然后放开，让它与静止的塑料球 C 碰撞，如图 3 所示。

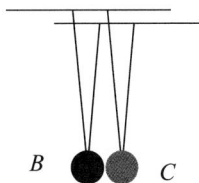
图 3

现象：塑料球 C 撞后的速度大于钢球 B 撞前的速度。

结论：两球碰撞前后速度之和发生了变化，碰撞后的速度大小与质量大小呈负相关的关系。

通过实验观察和问题引导，学生自主得出结论，教师归纳总结。

2. 设计实验，合作交流

学生以小组为单位进行实验方案设计和交流分享。

目的： 定量探究碰撞中的不变量。

仪器： 气垫导轨、光电门、小车、配重、数据采集器及数据线。

实验设计思路： 运动的小车碰撞静止的小车，可改变小车的质量或碰后的运动状态（弹开或共同运动）。在设计实验时需要测量质量和速度两个物理量，利用数据采集器测量速度；利用配重改变两辆小车的质量。

操作： 气垫导轨上安装有两辆带弹性碰撞架的小车，通过让质量为 m_1 的小车碰撞质量为 m_2 的静止小车；两辆小车分别安装橡皮泥和撞针，让质量为 m_1 的小车碰撞质量为 m_2 的静止小车，碰撞后两辆小车粘在一起运动。小车速度通过气垫导轨上的数据采集器进行测量。接下来改变两辆小车的质量，继续用相同的方法得到碰撞前后两辆小车的速度。

学生活动： 分组实验，记录数据（表1），交流讨论。

表 1

	碰撞前		碰撞后	
质量（g）	$m_1=$	$m_2=$	$m_1=$	$m_2=$
速度（m/s）	$v_1=$	$v_2=$	$v_1'=$	$v_2'=$
mv	$m_1v_1+m_2v_2=$		$m_1v_1'+m_2v_2'=$	
mv^2	$m_1v_1^2+m_2v_2^2=$		$m_1v_1'^2+m_2v_2'^2=$	
……				

3. 得出结论，课堂总结

结论： 完成实验后，各小组汇总数据，再引导学生对数据进行分析和计算，总结出碰撞前后质量与速度的乘积之和不变的结论。

误差分析： 气垫导轨不水平，两辆小车质量、速度的测量存在误差导致实验数据不准确。

教师总结归纳: 对于发生碰撞的两个物体来说,它们的 mv 之和在碰撞前后是不变的,在此基础上教师给出动量的定义及定义式。

学生依据评价量表对自己进行评价,从中掌握学生对"寻求碰撞中的不变量"这一实验的理解情况。

【学习收获】

1.通过本节课的学习,你有哪些收获?

(1)认识到碰撞中存在守恒量,知道动量的概念及单位。

(2)通过探究实验认识到碰撞中的守恒量为动量。并体会到猜想、收集证据、推理在物理学习中的重要性。

(3)科学探究的过程是曲折的,要勤于思考、敢于质疑、勇于探索、不怕失败。

2.动量和动能是同一物理量吗?说出它们的异同。

【作业布置】

1.下列运动中的物体,动量始终保持不变的是( )。

A.正常运行的地球同步卫星

B.用绳子拉着物体,沿斜面做匀速直线运动

C.小球碰到竖直墙壁被弹回,速度大小不变

D.荡秋千的小孩,每次荡起的高度保持不变

2.比赛中,运动员头顶足球。如果飞过来的不是足球,而是一个铅球呢,运动员还敢不敢顶?为什么?

3.相互合作:让一位同学把一个充气的瑜伽球以某一速度水平投向你,请你接住。把气放掉后球变小,再把瑜伽球以相同的速度投向你,你的体验有什么不同?这是为什么?

八 板书设计

第一节　对寻求碰撞中的不变量实验的改进	
一、寻求碰撞中的不变量 1.设计定性实验，寻找碰撞中的不变量。 2.定量探究碰撞中的不变量。	二、动量 1.概念：质量和速度的乘积。 2.符号：p。 3.公式：$p= m v$。 4.单位：kg·m/s。

专家点评

《普通高中物理课程标准（2017年版2020年修订）》要求在学生初步形成的运动与相互作用观念和能量观念的基础上，引导学生通过研究碰撞现象，拓展对物理世界的认识和理解。通过探究碰撞过程中的守恒量，进一步发展学生运动与相互作用的观念和能量观念。这种从无到有建立概念的过程，认识难度很大，计算量也不小，需要认真对待。

本节实验教学案例的创新点是改用双线摆代替单线摆，更加稳定，能确保小球在平面内摆动；利用3D打印技术，打印出形状、大小与钢球一致的塑料球，材质的变化更容易显示出质量的不同，且大小、形状一致，也能保证碰撞为一维碰撞。实验和问题设计贴近学生思维，他们更容易想到速度守恒。从此处开始，换成重球碰轻球，轻球获得比重球碰前速度还大的速度，否定前述猜想。根据碰后速度大小与质量呈负相关，通过实验观察和问题引导，启发学生同时考虑质量 m 和速度 v 两种因素。通过猜想、否定、再猜想，直至逼近真相。通过上述环节，带领学生在多轮探究活动中体会猜想、收集证据和推理的重要性。

本节实验教学案例的优点是通过从特殊到一般、从定性到定量的科学探究过程，逐步达到对碰撞中的不变量的正确认识。实验包括弹性碰撞、完全非弹性碰撞。改变碰撞小车的质量多次测量，数据丰富，结论更加可信。鼓励学生自主设计实验方案，培养学生的科学探究能力。使用计算机完成实验数据处理，节省时间，便于归纳总结。

本节实验教学案例的不足之处一方面是教学设计中提到了学生依据评价量表进行自评，但是并没有提供具体的评价量表；另一方面是在引入新课环节还可以收集一些宏观、微观的碰撞现象加以呈现。教师可以考虑针对这两点进一步完善本实验。

"受迫振动 共振"实验教学创新案例

教科书版本及对应章节：人民教育出版社《普通高中教科书 物理 选择性必修 第一册》第二章第六节

授课年级：高中二年级

设计人：安徽省马鞍山市第二十二中学 吴莎

一 教材分析

《普通高中物理课程标准（2017 年版 2020 年修订）》要求学生能通过实验，认识受迫振动的特点。了解产生共振的条件及其应用。

在教学内容上，本章先提出简谐运动这一理想化模型，分别从运动学、动力学和能量的角度全面介绍了简谐运动的特点，再过渡到阻尼振动和受迫振动这两种外力作用下的振动，更加贴合生活实际。本节涉及多个物理概念：固有频率、阻尼振动、驱动力、受迫振动、共振以及产生共振的条件，这些都需要实验现象来帮助认识和理解，因此，实验是本节教学内容的重要组成部分。

二 学情分析

学生已经从运动学、动力学和能量等方面学习了简谐运动的规律，熟悉弹簧振子这一常见的振动系统，对机械振动中的频率、周期等概念比较了解。但本节中涉及"固有频率""驱动力频率"和"受迫振动的频率"三种频率，相互之间存在一定的区别和联系，这既是认识共振现象的前提，也是学生容易混淆的难点。

三 学习目标

1. 认识固有频率、驱动力频率与受迫振动频率之间的区别与联系，建立正确的物理观念；从能量角度理解阻尼振动；知道物体做受迫振动的频率与振幅随驱动力频率的变化关系，了解产生共振的条件，认识共振是受迫振动的一种特殊情况，了解自然世界的基本物理规律。

2. 通过对不同外力作用下振动现象的研究，提高从运动学、动力学和能量观点综合分析机械振动现象的科学思维能力。

3. 通过从现象提出猜想到定量实验，最后根据实验数据总结规律生成结论的过程，提升自主探究的能力。

4. 将实验探究过程中真实数据生成的图像、结论与教材上的图像、理论进行对比和联系，领略实验是解决物理问题的一种基本途径，感受通过数据得到结论的过程，养成实事求是的科学态度。

四 教学重难点

教学重点：认识固有频率、驱动力频率与受迫振动频率之间的区别与联系，了解产生共振的条件。

教学难点：固有频率、驱动力频率和受迫振动频率之间的区别与联系。

五 教学准备

智能手机、相关软件、铁架台、弹簧、直流电动机、转速计、电源、刻度尺、钩码、烧杯、支架等。

六 教学流程图（图1）

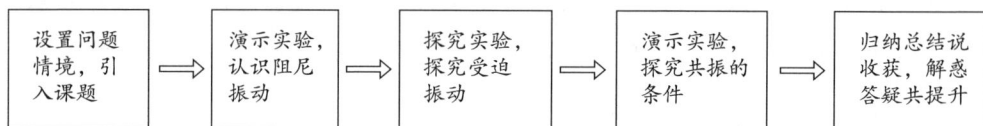

设置问题情境，引入课题 ⇒ 演示实验，认识阻尼振动 ⇒ 探究实验，探究受迫振动 ⇒ 演示实验，探究共振的条件 ⇒ 归纳总结说收获，解惑答疑共提升

图1

七 教学过程描述

【新课引入】

通过前面的学习，学生对振动有一定的认识，但不够形象具体。结合学生对手机等电子产品充满兴趣这一心理特点，引入环节设计了演示实验调动学生兴趣。

仪器： 铁架台、钩码、手机、弹簧、加速度传感器。

结构： 连接如图2所示装置。

图2

操作： 将手机、钩码与弹簧相连，给手机一个初始位移，打开加速度传感器，测量手机振动时加速度随时间的变化关系。

现象： 加速度随时间变化，如图3所示，以此判断手机振动的周期和振幅是否发生变化。

结论： 由图像可知，虽然振幅在减小，但

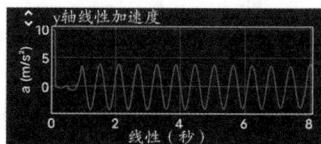

图3

周期不变，提出固有频率的概念。振动系统的固有频率仅由系统自身的性质决定。

【新课教学】

（一）测量阻尼振动的加速度—时间（a–t）图像

通过引入实验，引导学生自主得出固有频率的概念，但实验过程中手机的振幅减小得不明显。为得到现象更明显的阻尼振动，改变介质的黏滞阻力，将钩码放入水中振动。

仪器：铁架台、钩码、手机、弹簧、加速度传感器、烧杯、水。

操作：给手机一个初始位移，同样用加速度传感器反映振幅的变化情况，如图 4 所示。由在水中振动的加速度—时间图像可得，振幅衰减得更明显，如图 5 所示。

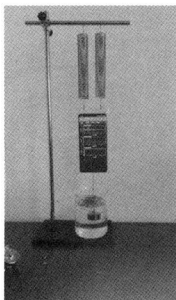

图 4

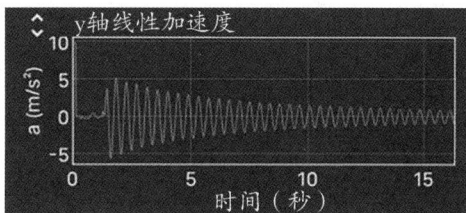

图 5

教师提问：为什么做阻尼振动的物体振幅会越来越小呢？引导学生总结，振动系统受到阻力的作用，使系统的机械能逐渐转化为内能从而振幅减小。与教材上的阻尼振动图像进行对比，两者形态基本一致。

结论：阻尼振动时，振动系统受到摩擦阻力的作用，振动系统的机械能转化为内能，所以阻尼振动的振幅会逐渐减小，最终停止振动。

（二）探究受迫振动的频率与驱动力频率的关系

振动系统受到阻力的作用，使系统的机械能逐渐转化为内能，振幅减小最终为零，那么怎样才能产生持续的振动，使阻尼振动过渡到受迫振动呢？

1.受迫振动

问题：怎样才能使物体持续振动下去呢？

猜想：学生讨论得出要提供周期性外力，这个力对系统做功，补偿系统的能量损耗，使系统的振动维持下去。

结论：这种周期性的外力叫作驱动力，系统在驱动力作用下的振动叫作受迫振动。

2.探究受迫振动的频率

提出问题：电磁打点计时器振片（图6）在工作时做受迫振动，振动频率取决于其固有频率吗？

仪器：铁架台、弹簧、手机、加速度传感器、直流电动机、电源、转速计。

结构：连接如图7所示装置。

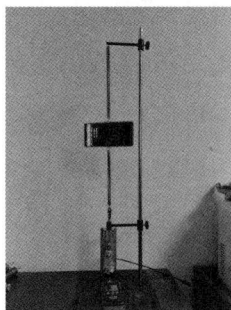

图6   图7

操作：将手机与弹簧相连可近似看作一个弹簧振子，用转速可调节的直流电动机提供驱动力使手机做受迫振动。驱动力的频率等于电动机转速，可由下方固定的转速计测得，如图8所示。手机做受迫振动的频率可由弹簧传感器直接测得，如图9所示。实验时，将这两个画面同时投屏至屏幕方便学生观察和读取数据。打开电源开关，调节电动机转速为某一数值，手机做受迫振动，稳定后记录手机受迫振动的频率与电动机的转速。调节电动机转速重复上述操作记录多组数据。

图 8

图 9

学生活动：记录数据。

电动机转速（r/min）	电动机转速（r/s）	手机振动频率（Hz）
153	2.55	2.55
180	3.00	2.97
186	3.10	3.11
205	3.42	3.43
218	3.63	3.64
240	4.00	3.97
260	4.33	4.33

结论：电动机转速和手机做受迫振动的频率非常接近，在误差范围内可认为两者相等。

教师总结归纳：大量的实验证实，物体做受迫振动的频率等于驱动力的频率，与物体的固有频率无关。

（三）探究受迫振动的振幅与驱动力频率的关系

上一实验中，学生观察到不同的驱动力作用下手机的振幅也发生了变化，出现过手机剧烈振动的现象，进一步探究受迫振动的振幅与驱动力频率的关系。

操作：在上述实验装置上安装指针和刻度尺，如图 10 所示，通过拍摄频闪照片的方式测量手机的振幅。具体步骤如下：打开电动机电源，使手机做受迫振动，记录此时驱动力的频率（电动机转速）；将指针和刻度尺部分放在相机画面的最左侧，拍摄约 30 张连拍照片，插入演示文稿中对齐排列生成频闪照片，添加标注线测量手机振动的振幅。图 11 是课堂拍摄的两组频闪照片。

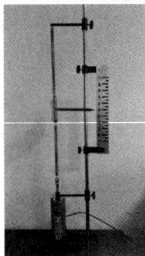

图 10

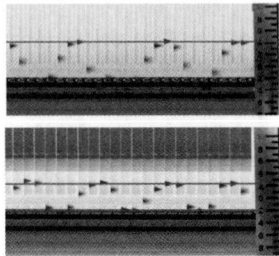

图 11

学生活动：记录驱动力频率（电动机转速）和手机振动的振幅。

电动机转速 （r/min）	驱动力频率 （Hz）	振幅（cm）
151	2.52	0.8
167	2.78	0.9
172	2.87	1.1
185	3.08	2.0
194	3.23	2.3
213	3.55	5.1
218	3.63	10.4
234	3.90	3.1
238	3.97	2.1
256	4.27	1.1

电动机转速 （r/min）	驱动力频率 （Hz）	振幅（cm）
267	4.45	1.0
150	2.50	0.8
205	3.42	4.0
238	3.97	2.2
294	4.90	0.8

教师活动 1：绘制手机的振幅与驱动力频率关系的散点图并进行拟合，如图 12 所示，引导学生分析振幅随驱动力频率的变化情况。并对比教材上的受迫振动的振幅与驱动力频率的关系图像，观察图像的相似性，感受图像的生成过程。

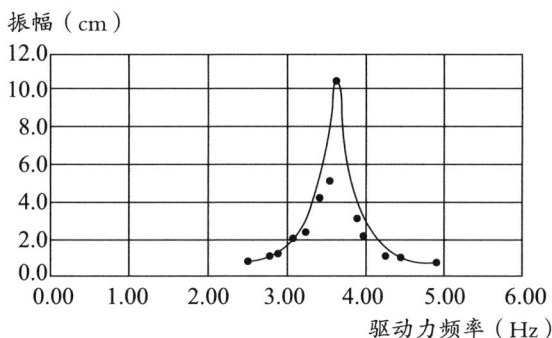

图 12

教师活动 2：展示相关软件记录的实验过程中手机振动的振幅随驱动力频率变化的曲线，如图 13 所示。图像的纵坐标是以最大振幅为单位 1 的相对振幅，因此振幅为 1 的点代表此时的受迫振动的振幅最大，该图像连续性更好，便于提出共振的概念。选中图像上纵坐标最大的点，即发生共振的点，请学生读出相应的横坐标数值，以问题串揭示共振发生的条件。

提问 1：纵坐标为 1 的点对应的横坐标的物理意义是什么？

引导回答：共振现象发生时的驱动力频率。

提问 2：为什么驱动力频率为该数值时发生共振呢？

引导思考：测量手机的固有频率。

图 13   图 14

操作：关闭电源，让手机自由振动，观察并记录稳定后手机自由振动的频率，如图 14 所示。学生不难得出系统的固有频率，对比共振曲线上的共振点的横坐标数值，引导学生猜想得出共振现象发生的条件。

结论：共振是当驱动力频率等于物体固有频率的一种特殊的受迫振动。

【学习收获】

1.学生通过实验认识到了阻尼振动和受迫振动，了解了共振现象发生的条件，为后续学习共振现象的利用与防止做了很好铺垫；同时，经过教师的引导和启发，学生不断提出猜想并设计实验，通过记录的实验数据验证猜想，科学探究能力得以提高，也更加深刻地体会到实验是科学探究的重要部分。

2.学生在课堂实验后回去也进行了一些新的尝试：如用弹簧传感器测量了不同弹簧系统的固有频率以验证弹簧振子的周期公式、利用摆传感器验证单摆的周期公式测量重力加速度等。智能设备的使用，使学生体会到生活处处是物理。

【作业布置】

1. 完成教材课后练习。

2. 以小组为单位探究共振现象在生活中的影响，并完成研究报告。

八 板书设计

第六节　受迫振动　共振	
一、固有频率 二、阻尼振动 1. 图像 2. 能量转化：机械能→内能 三、受迫振动 受迫振动的频率等于驱动力频率。	四、共振现象 驱动力频率等于固有频率时，振幅最大。

专家点评

　　《普通高中物理课程标准（2017 年版 2020 年修订）》要求学生能通过实验，认识受迫振动的特点，了解产生共振的条件及其应用。吴莎老师在分析教材时抓住了本节涉及物理概念较多（固有频率、阻尼振动、驱动力、受迫振动、共振）的特点，设计了许多新颖的实验来帮助学生认识和理解。在学情分析时，紧紧抓住容易混淆的三种频率（固有频率、驱动力频率和受迫振动的频率），把握住了教学难点。

　　本节实验教学案例的创新点是吴老师对智能手机中相关物理软件很熟悉，灵活地把智能手机当成实验器材之一设计实验。熟练运用 PPT 编辑技术，把连拍照片插入演示文稿生成频闪照片，直观形象。学生在教师指导下，大胆把软件拓展应用在物理学习中。如加速度传感器以及其他改装尝试。

　　本节实验教学案例的优点是课堂采用新技术对传统实验予以改进，指导学生运用多种方式进行探究学习。充分发挥教学手段与教学方式的现代化，实验操作简单，数据采集及处理便捷，数据准确。

　　本节实验教学案例的不足之处是手机固定的方式和技巧没有结合图片说清楚，除此之外，教师可以指导学生在黑板上画出阻尼振动的图像，落实学生的掌握情况，一方面令学生加深固有频率不变的印象，另一方面也让板书显得图文并茂。

　　教师在讲授本堂课时需要注意的问题：图3、图5其实都是加速度—时间（a–t）图像，图像的振幅并不是振动的振幅，教师需要采取简单推导 $a \propto F \propto x$ 之后，才能进一步说明图像的振幅也可以表示成振动的振幅。

"全反射"实验教学创新案例

教科书版本及对应章节：人民教育出版社《普通高中教科书 物理 选择性必修 第一册》第四章第二节

授课年级：高中二年级

设计人：青海省海东市第一中学　权迎平　马小燕

一 教材分析

"全反射"是光学知识中的重要部分，具有很强的实际应用价值，也是对光的反射和折射内容的进一步理解。

教材对于本节课的安排是开篇给出"光疏介质""光密介质"的定义，通过半圆形玻璃砖实验引出"全反射"现象以及"临界角"的概念，随后给出临界角和折射率的关系式以及对应习题，最后介绍了全反射棱镜与光导纤维的应用。这四部分内容循序渐进，但对学生来说还缺少一些直观的体验，可以通过设计系列实验来加深感性认识，激发学生的学习兴趣。

二 学情分析

知识基础： 学生学习了光的反射和折射、三角函数及其运算，具备了探究全反射现象的物理、数学知识基础。

能力基础： 学生已初步具备观察分析实验现象、概括总结实验规律的能力和一定的动手操作能力。

存在困难： 学生对生活中的物理现象缺乏深入思考，不能对全反射的现象进行准确解释，因此教师需要创设合适的情境，引导学生在实践中透过现象把握本质；学生对模型建构、科学推理、科学论证等科学思维有了一定的体会，但有待加强和完善，在实验设计、实验结果分析、实验交流上仍需要提升。

三　学习目标

1. 能说出光疏介质、光密介质、临界角等概念，说出发生全反射的条件，完善物理观念。

2. 学生通过演示实验和分组实验观察全反射的现象，推导出全反射现象的规律，经历科学探究的过程。

3. 能在具体情境中画出全反射的光路图，写出需要满足的关系，提升模型建构、科学推理论证等素养。

4. 能应用全反射的规律解释生活中的现象，解决实际问题，感受物理与生活、生产的紧密联系，养成观察、关注生活的意识；在实验探究中观察数据，分析实验误差，养成实事求是的科学态度和责任感。

四　教学重难点

教学重点： 理解全反射的发生条件，推导出临界角的公式。

教学难点： 理解全反射现象的本质和发生条件。

五　教学准备

PPT、学案、方形水槽、透明密封袋、卡片、两种颜色的记号笔、两个全反射棱镜、导水管、激光笔、半圆形玻璃砖、装满水的半圆形水槽。

六　教学流程图（图1）

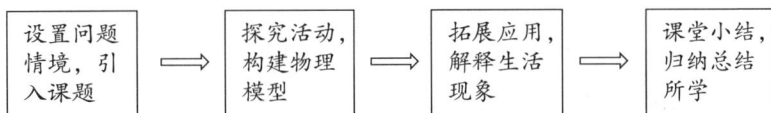

| 设置问题
情境，引
入课题 | ⟹ | 探究活动，
构建物理
模型 | ⟹ | 拓展应用，
解释生活
现象 | ⟹ | 课堂小结，
归纳总结
所学 |

图1

七　教学过程描述

【新课引入】

1.实验一：消失的图案

器材：方形水槽、透明密封袋、卡片、两种颜色的记号笔等。

演示：在准备好的卡片上用一种颜色的记号笔做好标记，将卡片放入密封袋中，在密封袋上的不同位置处用另一种颜色的记号笔做好标记。把密封袋袋口封紧并竖直固定于方形水槽中。向水槽内加水至没过密封袋，在水槽上方观察，可以看到密封袋上的记号，但看不到卡片上的记号，如图2所示。

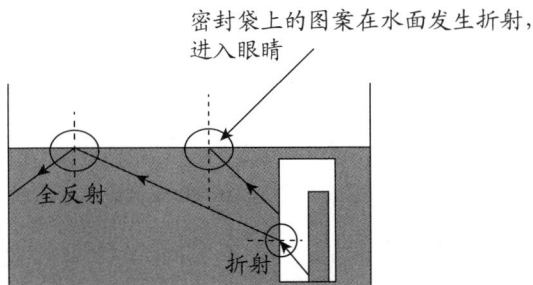

图2

2. 实验二：移花接木

器材：水槽、两个全反射棱镜、导水管等。

演示：将两个三棱镜拼成一个正方体，放入装满水的亚克力容器中。分别将一束红光和一束绿光从两个不同的侧面垂直射向正方体中心，俯视图如图 3 甲所示，两束光分别从正对着入射面的侧面垂直射出。用导水管将亚克力容器中的水导出，观察到红光和绿光的光路发生变化，俯视图如图 3 乙所示，好像"移花接木"一般。

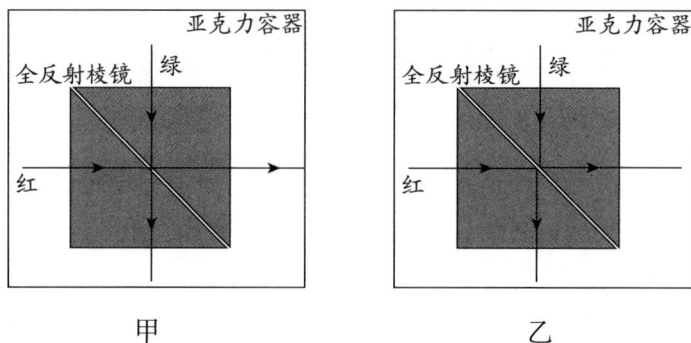

图 3

设计意图：设计两个可操作性强、现象明显的演示实验，引发学生的认知冲突，激起学生的好奇心和求知欲，引出本节课的学习主题。

【新课教学】

活动一：观察操作，"玩"出全反射。

操作：用激光笔沿着不同方向从半圆形玻璃砖的曲面射向圆心处，如图 4、图 5 所示，仔细观察现象。

现象：当入射光转到某些位置时折射光消失了。

问题：全反射现象是如何产生的？

图 4

图 5

活动二：初步探究发生全反射的条件。

操作：学生再次进行该实验，找寻发生全反射的条件。

结论：光从玻璃射向空气；入射角≥某个角度。

问题：一定是从玻璃进入空气吗？让光从另一种介质射向空气会不会也发生全反射呢？

活动三：探究光从一种介质射入空气能否发生全反射。

操作：演示光从水射向空气的光路，发现仍然能够看到光线消失，如图 6 所示。

结论：光从某一介质射向空气；入射角≥某个角度。

问题：一定是从某个介质射向空气吗？让光从一种介质射向另一种介质会不会发生全反射呢？

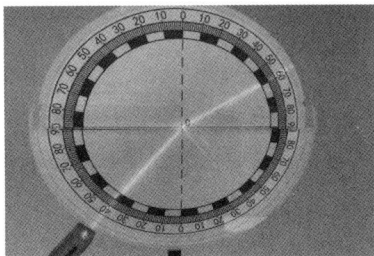

图 6

图 7

活动四：归纳总结发生全反射的条件。

操作：演示光从玻璃射向水中的光路，观察到仍能出现全反射现象，如图 7 所示。

问题：以上全反射现象，两种介质的折射率有怎样的关系？你能否更准确地概括全反射的发生条件？

结论：光从折射率大的介质射向折射率小的介质；入射角≥某个角度。

活动：给出光密介质、光疏介质和临界角的概念。

结论：光从光密介质射向光疏介质且入射角≥临界角时，发生全反射。

活动五：推导临界角表达式。

操作：学生结合发生全反射的条件，运用折射定律，推导出临界角与折射率之间的关系式 $\sin C = \dfrac{1}{n}$。

设计意图：从分组实验到演示实验，不断改变光传播的介质，先从玻璃到空气，再从水到空气，最后从玻璃到水中。学生在观察不同实验现象的过程中，不断产生渐进式的疑问，也将发生全反射的条件由浅及深进行总结，加深对全反射现象和条件的理解与掌握。

活动六：拓展应用。

操作：展示生活中的全反射现象，如光导纤维（光导纤维、水流光导、光纤花）和全反射棱镜（揭秘新课引入环节"消失的图案"和"移花接木"两个实验）等。

设计意图：引导学生运用所学知识解释生活中的全反射现象，在实践中透过现象把握本质，做到前后呼应，让学生感悟生活中处处有物理知识，达到学以致用的目的。

【**学习收获**】

1. 光疏介质和光密介质：对于折射率不同的两种介质，我们把折射率较小的介质称为光疏介质，折射率较大的介质称为光密介质。

2. 临界角：当入射角增大到某一角度，使折射角达到 90° 时，折射光完全消失，只剩下反射光，这种现象叫作全反射，这时的入射角叫作临界角。临界角与折射的关系为 $\sin C = \dfrac{1}{n}$。

3. 发生全反射的条件：光从光密介质射向光疏介质；入射角 ≥ 临界角。

【**作业布置**】

1. 教师在课堂最后演示"变脸"魔术实验，如图 8 所示，学生在课下解释该实验的原理。

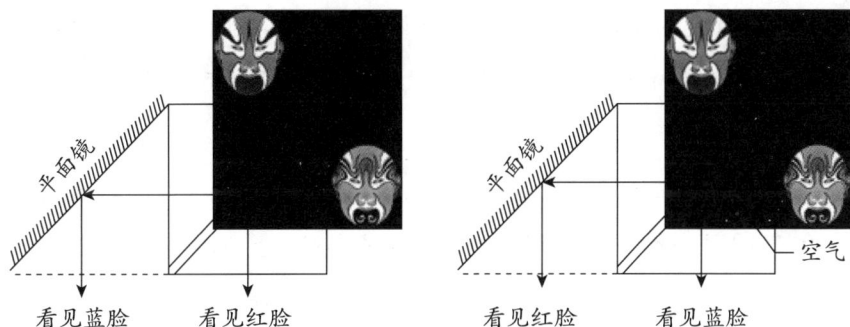

图 8

2. 完成教材课后练习题。

3. 以小组为单位收集光纤通信的发展历史，制作 PPT，在下节课上课前进行介绍。

八 板书设计

第二节　全反射	
一、全反射 1. 光疏介质和光密介质。 2. 临界角公式：$\sin C = \dfrac{1}{n}$。 二、全反射的条件 光从光密介质射向光疏介质；入射角≥临界角。	三、拓展应用 1. 光导纤维。 2. 全反射棱镜。

专家点评

　　《普通高中物理课程标准（2017 年版 2020 年修订）》要求知道光的全反射现象及其产生的条件，初步了解光纤的工作原理、光纤技术在生产生活中的应用。建议演示光沿水柱（或弯曲的玻璃柱）的传播；光缆的结构，分析光的全反射在光纤中是如何产生的。两位教师依据课程标准在教材分析中就抓住了教材的逻辑线索，并提出了自己的实验设计方案。

创新点是两位老师用两个新颖、有趣、甚至略显神秘的实验引入新课，用"变脸"魔术实验布置作业。新课过程的主体实验（半圆形玻璃砖），从活动一到活动二，具有层次感，体现循序渐进、螺旋上升的原则；然后又设计了活动三和活动四，从分组实验到演示实验，先从玻璃到空气，再从水到空气，最后从玻璃到水中，学生在观察不同实验现象的过程中，也将发生全反射的条件由浅及深进行总结，得出普遍结论，逐步逼近物理实质，符合学生认知规律。这样不仅使实验设计更丰富，而且由此得出的结论也更充分，更令人信服。

本节实验教学案例的优点是实验设计巧妙、方便易行，材料便宜容易获取，操作简单观察方便。有趣的实验可以引发学生的认知冲突，激起学生的好奇心和求知欲。主体实验与辅助实验（消失的图案、移花接木、光导纤维等）相结合。辅助实验负责学生感知现象、激发兴趣、丰富认识；主体实验负责学生认识现象、理解条件、掌握规律。文本配置的图片效果很好，可以清晰地显示装置的结构和实验现象。

本节实验教学案例的不足之处是，没有强调反射光线和折射光线同时存在，它们的强弱随入射角改变而发生变化。改进方向是可以在板书设计中加上几幅光路图，如定量研究全反射的光路图、（学生画）光在光导纤维与全反射棱镜传播的光路图等。讲授本堂课时需要明确教师和学生具体所要操作的实验，这样实施起来才会更加条理有序。

"光的偏振"实验教学创新案例

教科书版本及对应章节：人民教育出版社《普通高中教科书 物理 选择性必修 第一册》第四章第六节

授课年级：高中二年级

设计人：江苏省张家港市梁丰高级中学　刘康

一　教材分析

本节主要阐述了光的偏振现象，以及光的偏振在生产、生活、科技等方面的应用。教材在开头创设了立体电影的情境，激发学生兴趣并产生疑问。偏振现象对学生来说不好理解，因此教材先从绳波会发生偏振入手，再通过类比介绍光的偏振。"做一做"栏目让学生用偏振片观察光的偏振现象，增加了学生从课堂走向生活的体验，为学生的自主学习创造了条件；"科学漫步"栏目中介绍了立体电影和偏振光，既回扣了引入新课的情境，又很好地说明了物理与生活息息相关，开阔了学生的视野。

二　学情分析

学生对于光的偏振现象比较陌生，偏振是区别横波、纵波的重要依据，也是学生接触的一个新概念。因此，在教学中，做好演示实验和学生实验是让学生认识和理解光的偏振现象的关键。通过学习光的衍射、干涉和偏振现象，学生加深对光的波动性的了解，形成对光的更加深入的正确认识，也为后续进一步学习，形成"光具有波粒二象性"的物理观念起到促进作用。

三 学习目标

1.了解机械波的偏振现象，知道只有横波才有偏振现象。通过实验知道光是横波，知道自然光、偏振光等概念。

2.由狭缝对机械波的横波和纵波的影响设计出检验光是横波还是纵波的方法，发展类比思维；由一个偏振片观察灯光和显示屏的现象推理出自然光的特点，由消光现象推理出偏振光的特点，形成科学推理思维；基于实验事实，定义自然光、偏振光、起偏器、检偏器等概念并画出图示，发展模型构建思维。

3.从问题"研究光是横波还是纵波"开始提出猜想并设计实验方案，到用偏振片观察灯光、记录现象、交流讨论得出光是横波的结论，最后利用偏振片探究镜面反射光、液晶显示器发出的光是否是偏振光，经历完整的探究过程。

4.在认识光是横波的学习过程中，逐渐形成探究自然的内在动力。在观察偏振现象中，形成严谨认真、实事求是和持之以恒的科学态度。利用光的偏振特点制成相机的偏振滤光片、拍摄的 3D 电影等都体现了知识的实用价值。

四 教学重难点

教学重点：理解偏振现象，知道光是横波。

教学难点：光的偏振现象的实验探究。

五　教学准备

自制光的偏振演示仪、偏振片、课件、学案等。

实验器材介绍如下：

本器材由两部分构成，器材的右边由马达、橡皮筋和偏振片组成。马达与橡皮筋连接充当振源，启动马达带动橡皮筋振动形成上下振动的绳波，经反射后形成驻波，通过频率调节旋钮可以改变波的频率。

器材的左边由红、绿、蓝三种不同频率的光源和两个偏振片 A、B 构成，偏振片 A 充当起偏器让自然光源变成偏振光，偏振片 B 充当检偏器。

六　教学流程图（图1）

创设实验情境，引入课题 ⟹ 演示实验，观察横波的偏振现象 ⟹ 学生实验，观察光的偏振现象 ⟹ 了解光的偏振的应用，归纳总结

图1

七　教学过程描述

【新课引入】

教师活动：演示"光线消失术"的趣味实验，展示两张圆片，如图2所示。

提出问题：为什么透明的圆片能让光线消失呢?

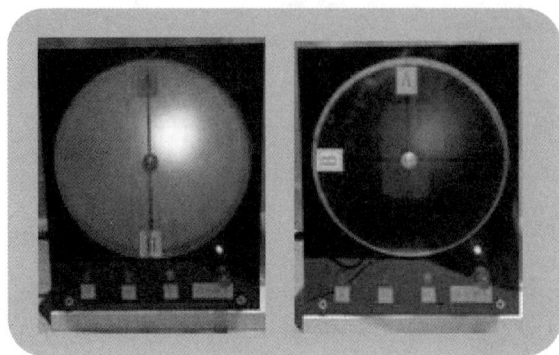

图 2

设计意图：两个互成 90° 的偏振片使光消失，激发学生的求知欲和学习兴趣。创设推理情境，通过趣味实验有效地引发学生的思考。

学生活动：利用手上的薄片，分别观察两种光源——日光灯和教室前的电脑屏幕，如图 3 所示。

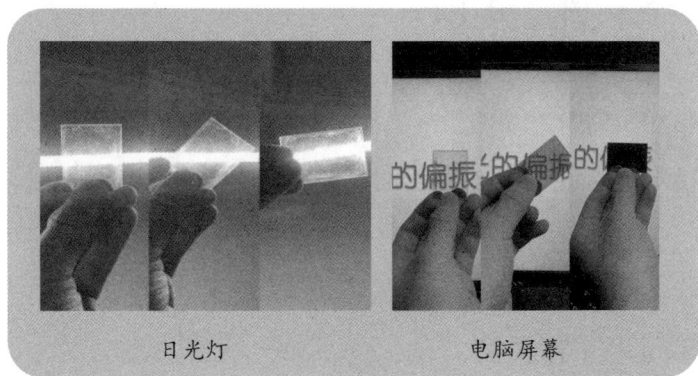

日光灯　　　　　　　　　电脑屏幕

图 3

提问：请大家利用桌面上的薄片来观察教室前的电脑屏幕和日光灯，说一说你有什么发现？

学生：旋转薄片日光灯的亮度不会发生变化，但是旋转薄片电脑屏幕越来越暗。

提问：请大家找出电脑屏幕最亮和最暗的位置，转了多少度？

学生：90°。

思考：为什么薄片旋转 90° 就能使光从最亮变成最暗呢？

设计意图：通过对比两种光源，激发学生的认知冲突，引出偏振的概念。

【新课教学】

提问：同样的薄片，为什么观察到的现象是不同的呢？

学生：因为两种光源不同。

介绍：光是一种波，波可以分为横波和纵波。而横波有一种特殊的性质叫作偏振。

偏振：在垂直于传播方向的平面上，只沿着一个特定的方向振动的波叫波的偏振现象。

提问：那横波和纵波是否存在偏振现象呢？如何验证呢？

自制教具实验演示：探究横波的偏振现象。

实验器材：自制横波偏振演示仪（图 4）。

图 4

实验步骤：

（1）打开马达，利用马达转动形成上下振动的绳波，绳波经后边反射后两波发生干涉形成驻波。通过改变电机的频率，可以改变驻波的波长；（2）让偏振片与波的振动方向一致，观察实验现象；（3）让偏振片与波的振动方向垂直，观察实验现象。

实验现象：

（1）如图 5 所示，波的振动方向与偏振片方向一致。

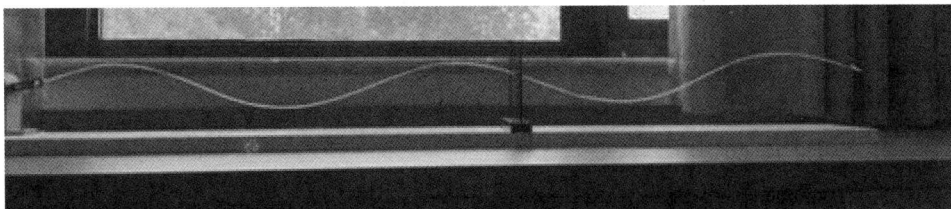

图 5

（2）如图6所示，波的振动方向与偏振方向垂直。

图6

实验结论：横波具有偏振现象。

设计意图：通过自制的教具"偏振演示仪"进行演示实验创设实验情境，将抽象的推理知识转换为具象的实验现象。让学生用语言准确地描述实验现象，并根据实验现象进行归纳总结，从而培养学生对信息的收集和处理能力，同时也为接下来探究光的偏振打好基础。

观察纵波的偏振，如图7所示，实验结论：纵波没有偏振现象。

图7

提问：那光到底是横波还是纵波呢？我们可以利用横波的偏振现象来检验光是否是横波。回忆开头做过的"光线消失术"实验，当只有一个偏振片 A 时，无论怎么旋转 A，光线都不会变弱，说明什么？

学生：说明普通的灯源发出的光没有偏振现象。

提问：再加一个偏振片 B，随着偏振片 B 的旋转，光的亮度会逐渐降低，说明什么？

学生：说明单色光经过偏振片后变成了偏振光。

总结：（动画展示）像这样的光我们称之为自然光。自然光包含着垂直于传播方向上沿一切方向振动的光，而且沿着各个方向振动的光波的强度都相同。自然光仍然是横波。

学生活动：在太阳光下，利用光的偏振现象检验太阳光是否有偏振现象（如图 8 所示）。

图 8

结论：太阳光是自然光，太阳光是横波。

学生活动：检验液晶显示器发出的光是否有偏振现象。

结论：液晶显示器发出的光是偏振光，是横波。

学生活动：检验镜面反射光是否有偏振现象（如图 9 所示）。

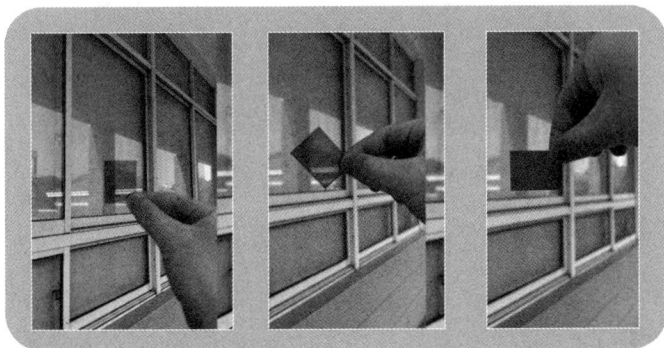

图 9

结论：反射光是偏振光，是横波。

总结：通过以上实验，我们知道太阳、电灯等普通光源发出的光是自然光。反射光、显示屏发出的光是偏振光。从而得出光是横波。

　　设计意图：创设问题情境，结合魔术表演分析光的偏振现象。接着利用偏振现象动手检验太阳光、显示屏发出的光以及反射光是否为偏振光。

　　介绍偏振现象的应用：

　　相机偏振片，如图10所示。

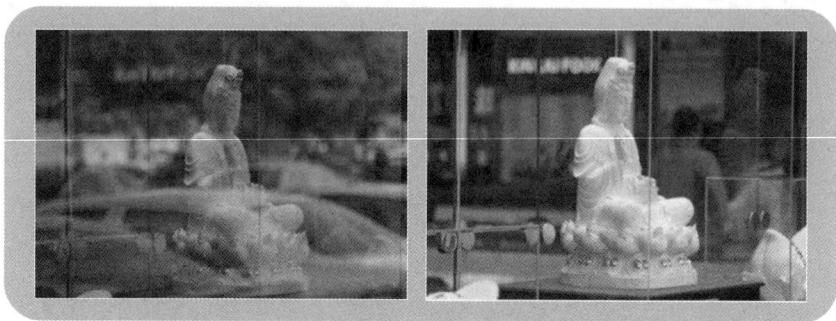

图 10　相机偏振片的拍摄效果

3D 电影，如图 11 所示。

图 11　立体电影的视觉效果

　　设计意图：创设社会生活情境，利用光的偏振知识解释生活中一些应用偏振的实例。

　　【学习收获】

　　1. 偏振：在垂直于传播方向的平面上，只沿着一个特定的方向振动的波叫波的偏振现象。

　　2. 太阳、电灯等普通光源发出的光是自然光。反射光、显示屏发出的光是偏振光。所以光是横波。

【作业布置】

1. 市场上有一种太阳镜，它的镜片是偏振片。为什么不用普通的带色玻璃而用偏振片？安装镜片时它的透振方向应该沿什么方向？利用偏振眼镜可以做哪些实验，做哪些检测？

2. 某学习小组研究光的偏振现象，所用光源为白炽灯，另外还有两块偏振片。

图 12

（1）学习小组的小明同学先用一块偏振片 P 挡住白炽灯发出的光，则在偏振片后的屏上将_____（选填"有光"或"无光"）出现；若将偏振片 P 绕过其中心且垂直于偏振片的轴线缓慢转动一周，如图 12 甲所示，则屏上明暗情况将_____（选填"有变化"或"无变化"）。

（2）学习小组的小强同学在已有一块偏振片 P 的基础上，在偏振片 P 与屏之间再加一块偏振片 Q（两块偏振片的中心轴重合），如图 12 乙所示。如果两块偏振片的透振方向一致，则屏上将_____（选填"有光"或"无光"）出现；若将偏振片 Q 绕过其中心且垂直于偏振片的轴线缓慢转动一周，则屏上明暗情况将_____（选填"有变化"或"无变化"）；若撤去屏改用眼睛在屏的位置观察，偏振片 Q 不动，而偏振片 P 绕中心轴转动，则在偏振片 P 缓慢匀速转动一周的过程中，眼睛完全看不见光的时刻有_____个。

八 板书设计

第六节 光的偏振	
一、波的偏振 1.概念：在垂直于传播方向的平面上，只沿着一个特定方向振动的现象。 2.横波具有偏振现象。 二、光的偏振 1.自然光：包含着沿一切方向振动的光，而且沿各方向振动的光的强度都相同。（太阳、电灯）	2.偏振光：只沿着某个特定方向振动的光。（反射光、折射光、显示屏发出的光） 3.结论：光是一种横波。 三、偏振现象的应用 相机偏振片、3D眼镜等。

专家点评

《普通高中物理课程标准（2017年版2020年修订）》要求观察偏振现象，了解偏振现象产生的条件，知道其在生产生活中的应用，知道光是横波。课程标准还建议通过调查研究，收集应用光的偏振现象的实例；观看3D电影，查阅资料，了解3D电影的原理。围绕课程标准要求，刘康老师通过偏振片及其组合使用，指导学生观察了一系列偏振现象。

本节实验教学案例的创新点是指导学生用两片偏振片观看同一光现象（日光灯）与用一片偏振片观看一种光现象（电脑屏幕）相结合、相对比，利用身边条件和随处即可得到的光源，对照观察偏振现象，效果明显。自制绳波偏振演示仪，将抽象的推理知识转换为具象的实验现象，观察方便，容易制作推广。

本节实验教学案例的优点是在教材分析中将思路梳理得十分清楚，

在学习目标中建立起了本节课的基本探究思路，感知现象，了解基本概念，逐次探究和定义自然光、偏振光、起偏器、检偏器等概念。

本实验教学案例的不足之处是对相机偏振片的应用、立体电影的介绍不够详细，而这部分知识是大部分学生所不熟悉的。

改进方向是建议将作业布置的第一题与相机偏振片联系结合分析；还可以结合激光的偏振，较深入地研究反射光的偏振方向。

讲授本堂课时需要注意的问题是，在探究太阳光是横波还是纵波时，旋转一块偏振片，光线不会变弱，此时学生更可能猜成是纵波，需要再加一片偏振片旋转观察，才能倒推出太阳光是各个方向上均匀分布的横波。

"磁场 磁感线"实验教学创新案例

教科书版本及对应章节：人民教育出版社《普通高中教科书 物理 必修第三册》第十三章第一节

授课年级：高中二年级

设计人：天津市南开大学附属中学 李如

一 教材分析

本节的内容多为初中学过的知识，重点是电流的磁效应和磁场概念的形成。可以结合演示实验，对初中知识复习概括并从科学与人文两个角度提升认识，为后续学习打下基础。应该指出的是，本节内容蕴藏了丰富的人文内涵。

《普通高中物理课程标准（2017 年版 2020 年修订）》对本节课的要求是了解我国古代在磁现象方面的研究成果及其对人类文明的影响。关注与磁相关的现代技术发展。教材通过中国古代著作《论衡》的描述和记载引入磁性的概念，然后通过电现象和磁现象相似性的猜想，让学生体会奥斯特发现电流磁效应的过程及其重大意义，接下来利用安培等人对磁体与通电导线、通电导线与通电导线之间相互作用的研究引出磁场的概念，最后介绍了地磁场。教科书第二节后的"科学漫步"中"地球磁场与古地质学"在拓宽学生视野的同时培养学生学习的兴趣，感受科学的魅力。

二　学情分析

知识基础：

1. 对于"场"的概念已经有了初步的了解。

2. 初中科学或物理课程中接触过基础的磁现象。

心理特点：

1. 磁场作为一个看不见、摸不着但却真实存在的物质，容易引发学生的好奇心和求知欲。

2. 对通过实验和互动活动来直观地感受和理解物理现象有较强的学习兴趣。

认知困难：

1. 磁场概念较为抽象。

2. 难以将磁场的概念与各种磁现象联系起来。

三　学习目标

1. 观察磁体与线圈间的相互作用，建立场的物质观和相互作用观；通过电磁驱动与阻尼，形成力与运动的观念；通过对磁悬浮列车的能量分析，建立能量观念。

2. 用安培定则解释电流间相互作用规律，分析电磁弹射和磁悬浮列车等实际应用，训练科学思维；通过手机奥斯特实验、电磁场推进科技发展的实例、地磁场测量仪等实验，形成科技创新的意识。

3. 了解科学家对电、磁关联的探索历程，认识到科学的发展不是一蹴而就的；分组探究磁体与电流相互作用规律，养成动手能力和交流合作的意愿。

4.利用所学物理模型对实际应用进行分析，形成正确的科学态度；了解国内外科技发展的现状与趋势，增强社会责任感；能够正确理解科学、技术、社会、环境的关系。

四 教学重难点

教学重点：通过实验建构磁场的概念。
教学难点：电流间相互作用模型的建立。

五 教学准备

PPT、软件、学案。

自制教具：电磁轨道驱动与阻尼装置、电磁弹射车、电磁相互作用演示线圈、磁感线显示仪、奥斯特电流磁现象演示器、地球磁场测量仪。

其他教具：电流磁场演示仪、小磁针、手机罗盘、磁铁、学生电源。

六 教学流程图（图1）

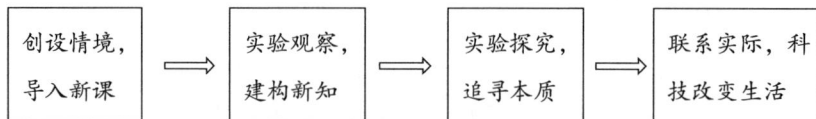

```
┌─────────┐    ┌─────────┐    ┌─────────┐    ┌─────────┐
│创设情境，│ ⟹ │实验观察，│ ⟹ │实验探究，│ ⟹ │联系实际，科│
│导入新课 │    │建构新知 │    │追寻本质 │    │技改变生活 │
└─────────┘    └─────────┘    └─────────┘    └─────────┘
```

图1

七 教学过程描述

【新课引入】
创设情境，导入新课

　　高中学生通常在初中阶段已经接触过基础的磁现象，已经能够认识到磁现象在日常生活中的应用，但对磁现象的历史发展顺序和重要里程碑事件了解不够，导致对科学家们的贡献和磁学理论的演进过程认识模糊。学生难以将所学的磁现象知识与日常生活或科技应用联系起来，导致对磁现象的重要性和实用性认识不足。对于磁现象在其他学科领域（如地质学、生物学等）的应用，学生可能缺乏足够的认识，难以看到磁学知识的广泛性和交叉性。本节设计了一个图片展示及讲述环节。

　　目的： 从我国古代、现代在磁现象的研究和利用方面入手，衔接学生以往学过的知识，了解社会进步离不开技术发展和对科学的深入研究，导入新课。

　　教师活动： 介绍古代的司南、现代的上海磁悬浮列车以及中国的电磁弹射、电磁炮列装上舰。（图2）

图 2

【新课教学】

（一）实验观察，建构新知

1.磁场是一种看不见、摸不着的物质，学生对其概念的理解存在一定的困难。学生在学习磁场之前，已经对电场有了一定的了解。通过静电场的学习，学生掌握了场的概念、场的描述方法和性质，这对学习磁场起到了一定的铺垫作用。此外，学生通过前期的物理学习，已经掌握了一些研究物理问题的方法和技巧，如观察、实验、归纳演绎等，这些方法也可以应用于磁场的学习中。本环节首先设计一个演示实验。

目的： 通过学生观察，对磁场形成直观的认识，建立场的物质观。

仪器： 电流磁场演示仪、磁感线显示仪、磁铁。

设计思路： 将线圈（直导线）与电源正负极相连接。在水平塑料板上撒上铁屑，敲打塑料板，根据铁屑的分布模拟磁场分布。（图3）

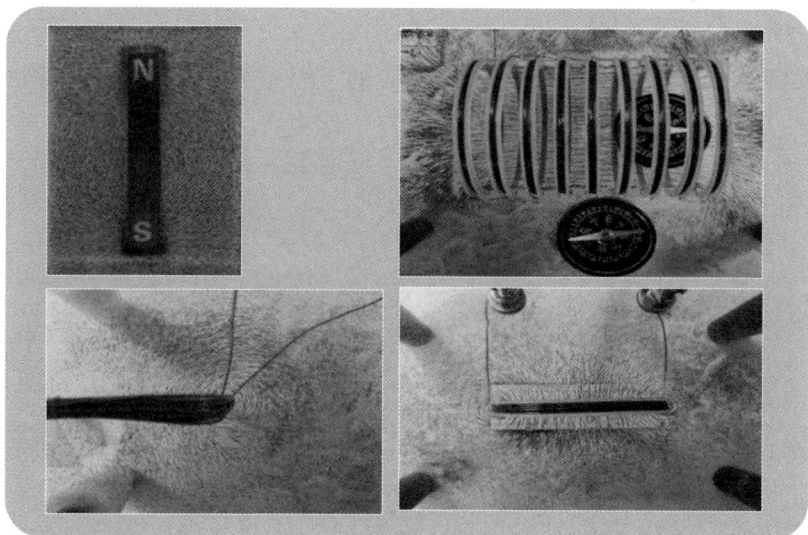

图3

现象： 铁屑在塑料板中的分布呈现出特定的模式。

结论： 磁铁及通电导线周围存在磁场。

通过实验观察和问题引导学生自主得出结论，教师归纳总结。

2.介绍科学家对电与磁关联的探索历程，让学生感受在科学研究和探索中，需要不断尝试和探索，不怕失败，坚持到底。学习中要勇于挑战传统的观念和想法，不要被已有的知识限制住思维，本环节设计如下演示实验。

目的：用手机罗盘功能来演示奥斯特电流磁效应实验，观察并测磁场强弱。

仪器：手机、奥斯特电流磁现象演示器。

实验设计思路：利用手机罗盘功能代替小磁针，体现时代的进步，转变学生的观念。解释电荷运动引起电场变化，在周围激发磁场，建立电生磁的基础。

现象：通电导线靠近手机罗盘之前现象如图4所示，通电导线靠近手机罗盘之后N极发生偏转现象如图5所示，电流越大N极的偏转程度越大。

图4　　　　　　　　　　　　　图5

结论：通电导线周围存在磁场。

通过实验观察和问题引导学生自主得出结论，教师归纳总结。

（二）实验探究，追寻本质

目的：了解磁场形成原因之后，进一步分析相互作用情况。

仪器：电磁相互作用演示线圈、磁铁、学生电源。

结构：连接如图6、图7所示电路。

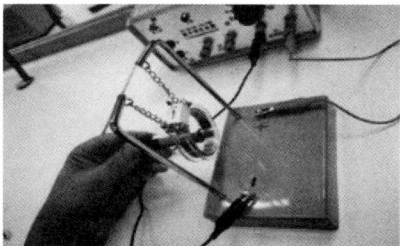 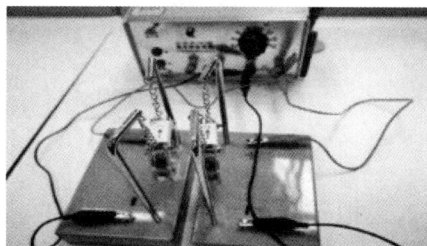

图6　　　　　　　　　　　　　图7

设计意图：探究过程锻炼学生能力，解释现象培养学生的科学思维。与磁铁间的相互作用对比，建立电流间相互作用模型，分析电磁替代永磁的可行性和优势，为实际应用打下理论基础。

学生活动：用线圈和磁铁探究磁力作用与电流方向关系（图6）、探究平行线圈间磁力作用与电流方向关系（图7）。分组实验，记录数据。

结论：完成实验后，各小组汇总数据，再引导学生通过对数据的分析，总结出磁体与电流、电流与电流的相互作用。

教师总结归纳：像电荷的相互作用是通过电场发生的，磁体与磁体之间、磁体与通电导体之间，以及通电导体与通电导体之间的相互作用，是通过磁场发生的。

（三）联系实际，科技改变生活

了解磁现象的应用有助于培养学生的实践能力和创新精神，提升学生的社会责任感。本环节设计如下演示实验。

1. 介绍中国电磁弹射、电磁炮的发展现状，模拟电磁弹射（图8）。

目的：了解国内外科技现状，提升民族自豪感。将理论实验转化为先进技术，培养科学思维。

仪器：电磁弹射车。

图8

2. 模拟磁悬浮列车的电磁驱动与阻尼（图9）。

目的：将实际应用拆解成所学模型，分析磁场形成、受力方向（图

10）。使学生认识到先进技术是建立在基础科学上的，培养学生形成正确的科学态度，理解科学与技术的关系。采用多级线圈加速，理解列车通过的区域才接通电磁铁，保证安全、节能，培养学生能量观念。物质运动必然有能量的变化，电源的电能通过线圈转化为磁场能，再通过磁场力做功转化为列车的动能。思考如何减小过程中能量的损失，如铁芯、材料等。只有利用科学才能改进技术。进一步引申磁场变化还会形成电场，具有更多的应用。

仪器：电磁轨道驱动与阻尼装置。

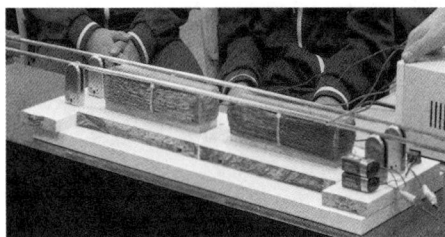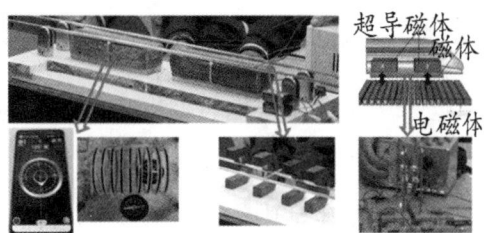

图 9   图 10

3. 课堂延伸：学生探究活动—测量当地的地磁场方向（图 11）。

目的：这一实验是对本节课知识的拓展和延伸。学生在课下通过探究活动测量地磁场情况，将视频上传。结合手机传感器测量地磁场的强弱和方向（图 12）。使学生对地磁场的强弱，以及北半球地磁场俯冲向下形成直观的认识。同时，介绍地磁场对地球的保护作用，引起学生对环境的关注。

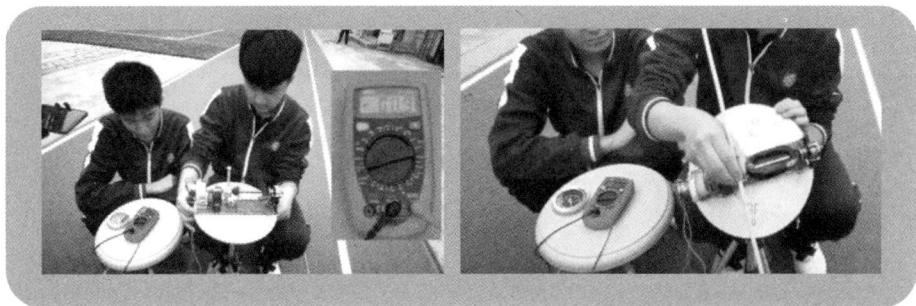

图 11

图 12

【学习收获】

1.请说一说通过本节课的学习，你有哪些收获？

（1）学习了什么是磁场。

（2）了解了奥斯特研究电流磁效应的过程。

（3）了解了地磁场。

2.列举生活中应用磁现象的实例。

【作业布置】

1.音箱中的扬声器、电话、磁盘、磁卡等生活中的许多器具都利用了磁体的磁性。请选择一个你最熟悉的器具，简述它是怎样利用磁体的磁性来工作的。

2.为解释地球的磁性，19世纪安培假设：地球的磁场是由绕过地心的轴的环形电流引起的。在图13中，正确表示安培假设中环形电流方向的是哪一个？请简述理由。

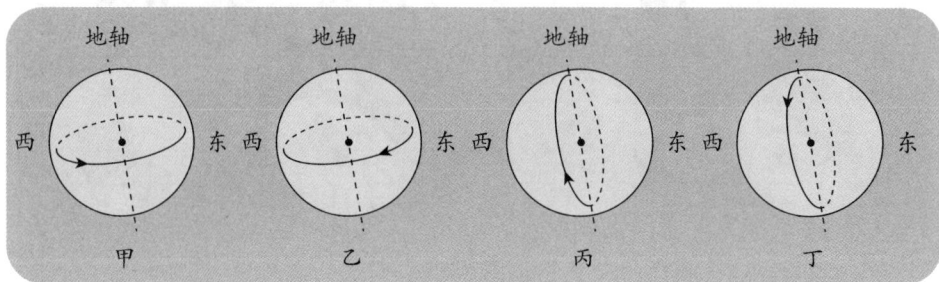

图 13

八 板书设计

第 1 节　磁场　磁感线	
一、磁场 概念：磁体周围存在的一种特殊物质。 性质：对放入其中的磁体有力的作用。 二、奥斯特电流磁效应	三、地磁场 地磁南极在地理北极附近，地磁北极在地理南极附近。

专家点评

《普通高中物理课程标准（2017 年版 2020 年修订）》要求能列举磁现象在生产生活中的应用，关注与磁相关的现代技术发展；通过实验，认识磁场；体会物理模型在探索自然规律中的作用；判断通电直导线和通电线圈周围磁场的方向等。李老师对教材和课程标准的理解比较到位，认识教材及处理策略水平较高。

本节实验教学案例的创新点是李如老师围绕这些内容，用心设计了一系列实验展开教学，引领学生科学探究，建立物理观念。在使用传统器材设计了多个实验之外，也使用智能手机的罗盘功能代替小磁针来做奥斯特实验，创新设计了探究磁浮列车模拟实验。类别多样、形式丰富，课上课下相结合。

本节实验教学案例的优点是对学情估计充分、分析得当。课程环节明确，结构清晰。第三组实验反映经济社会发展新变化、科学技术进步新成果，并且对学生可能比较陌生的磁悬浮列车原理也介绍得比较详细清楚。本节实验教学案例还很好地把现代科技元素与丰富的人文内涵相结合，三组实验安排，从观察现象、探究本质到联系科技实际，从教师演示到学生分组，由浅入深、形式多样，布置的作业也比较新颖。

美中不足的是在"教学过程"中，对第二条学习目标"用安培定则解释电流间相互作用规律"似乎落实得不够。改进方向是，建议选择几个典型的实验，把原理分析图画在板书设计中。

"磁场对通电导线的作用力——利用自制教具改进安培力的探究实验"实验教学创新案例

教科书版本及对应章节：人民教育出版社《普通高中教科书 物理 选择性必修 第二册》第一章第一节

授课年级：高中二年级

设计人：黑龙江省大庆市大庆实验中学　蔡畅言

一　教材分析

《普通高中物理课程标准（2017 年版 2020 年修订）》对本节课的要求是通过实验，认识安培力；能判断安培力的方向，会计算安培力的大小；了解安培力在生产生活中的应用。

本节的主要内容是安培力的方向判断和大小计算，这也是本章知识的核心内容。教材引导学生利用先定性再定量的方式进行科学探究，注重加强前后知识的联系，突出结论的形成过程。引导学生设计实验，观察安培力方向，归纳安培力方向与磁场、电流方向之间的关系。学习本节课内容既是对前面磁场知识的扩展，也为后面学习洛伦兹力做好准备。

二　学情分析

知识基础：学生已经学习了磁感应强度的概念，在电流与磁场方向垂直的情况下，初步了解了磁场对通电导线的安培力。

能力基础：学生具备了基本的实验素养。

存在困难：学生可能存在认识上的误区，认为安培力、电流和磁感应强度三者方向一定两两垂直；高阶思维能力和实验素养仍需要提升。

三　学习目标

1.能够设计实验探究安培力的方向，能够用理论与实验相结合的方式对影响安培力大小的各个因素进行探究，经历完整的探究过程，培养科学探究素养。

2.知道如何利用本节课介绍的自制教具探究安培力的方向和大小，培养质疑能力与创新素养；在实验过程中体会控制变量的方法和从特殊到一般的思想，提升科学思维。

3.会用左手定则对安培力的方向进行判断，能够利用公式计算安培力的大小，完善物理观念。

4.培养与他人合作的意识和严谨求实的科学态度。

四　教学重难点

教学重点：

1.通过实验探究来理解安培力方向与电流、磁场方向的空间关系。

2.通过实验定量探究安培力的大小。

教学难点：

1.利用微力传感器定量判定安培力的方向。

2.利用自制教具——安培力定量探究实验仪来探究安培力大小的表达式。

五 教学准备

PPT、微力传感器、平行正对的强磁铁、铜棒、导轨、纸板制成的吊篮、学生电源、铝箔棒、亚克力支架、电容器、导线、直尺、自制安培力定量探究实验仪、磁电式电流表等。

六 教学流程图（图1）

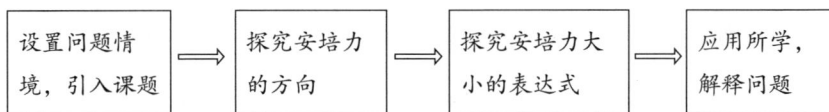

设置问题情境，引入课题 ⟹ 探究安培力的方向 ⟹ 探究安培力大小的表达式 ⟹ 应用所学，解释问题

图1

七 教学过程描述

【新课引入】

如图2所示，当导体棒中有电流通过时，导体棒会因受力而发生运动。如何判断这个力的方向？它的大小除了与磁感应强度有关外，还与哪些因素有关呢？这节课通过实验来探究安培力的方向和大小。

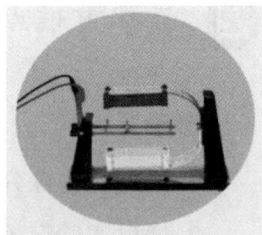

图2

【新课教学】

（一）探究安培力的方向

实验一： 利用微力传感器定量判定安培力方向

问题： 如何判断图2中导体棒所受安培力的方向？能否根据导体棒的

运动沿水平方向就判定所受安培力的方向水平呢?

分析： 此时导体棒的运动方向与合外力方向一致，但不一定与所受的安培力方向一致。

问题： 能否设计实验来验证安培力的方向？如何验证安培力是否存在竖直分量呢?

器材： 微力传感器、平行正对的强磁铁、铜棒、导轨、纸板制成的吊篮、学生电源等。

演示： 微力传感器的示数可以显示到 0.001 N，平行正对的强磁铁可以提供范围更大、更强的近似匀强磁场。如图 3 所示，把铜棒垂直放在导轨上，将利用纸板制作的吊篮一起固定到微力传感器上。保持导轨面水平，整个支架系统悬吊不触碰磁铁，用学生电源供电。通电前，微力传感器可以测量导轨支架整体的重力；通电后，如果铜棒所受外界磁场给的安培力有竖直方向的分量，微力传感器的示数将有明显变化。在通电前将传感器调零，注意观察通电后微力传感器示数的正负情况。

现象： 闭合开关后在铜棒向右运动过程中，微力传感器的示数几乎一直为零，这说明铜棒所受安培力方向水平向右。

设计意图： 明确安培力的方向至关重要，如果根据图 2 实验中导体棒运动方向就直接得出所受安培力方向与之相同，则缺乏一定的科学性和严密性。利用本实验判断清楚安培力的具体方向，为后续开展影响因素的探究做好铺垫。

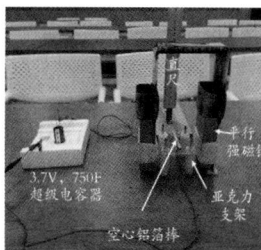

图 3　定量判定安培力方向装置　　图 4　铝箔棒起跳实验装置

实验二：铝箔棒起跳实验

器材： 铝箔棒、亚克力支架、电容器、导线、直尺等。

演示： 如图 4 所示，将图 3 实验中的磁铁旋转 90°，磁场变为水平方向，把铝箔棒放在水平放置的亚克力支架上，用铜皮接线柱与电源连接组成回路。用"3.7 V，750 F"的超级电容器作为电源来提供瞬时的大电流，以获得更大的安培力。通过竖直的标尺作为参考，观察通电后铝箔棒起跳的方向，发现起跳方向为竖直向上。

问题： 这说明铝箔棒受到的安培力方向如何？

分析： 铝箔棒起跳方向竖直向上，则合外力方向竖直向上，而重力竖直向下，那么安培力方向此时与运动方向一致，为竖直向上。

演示： 水平旋转亚克力板，使铝箔棒与磁场方向有夹角但不垂直，重复实验。观察到通电后铝箔棒仍竖直向上起跳。

分析： 画出安培力、电流和磁场方向，发现安培力垂直于磁场和电流方向构成的平面，而磁场和电流可以成任意角度。

设计意图： 在实际教学中，正确理解安培力、电流、磁感应强度三个量方向的空间关系（左手定则）是难点，学生经常误认为三者方向需要两两垂直。创设以上实验活动，符合学生从特殊到一般的认知规律，既深化对力和运动关系的理解，又突破对安培力、磁场、电流方向间关系的认知误区，培养问题意识，训练批判性思维能力和创造性解决问题的能力。

（二）探究安培力大小的表达式

器材： 自制安培力定量探究实验仪。

设计意图： 教材所展示的装置只能定性探究安培力与各因素关系，无法实现定量探究，且只是利用矢量分解的思想推导安培力大小的表达式，缺乏实验佐证。利用自制的安培力定量探究实验仪，如图 5 所示，实现对安培力与四个物理量关系的全面探究。

图 5　自制安培力定量探究实验仪

1. 认识自制安培力定量探究实验仪

问题：如何测量比较微弱的安培力？

分析：采用放大法，将匝数为 100 的线圈悬挂在亚克力板制作的背板上，连同外面的支架一起放在电子秤上。通过称量竖直施加在秤盘上的弹力对应的质量来反映线圈上底边在磁场中所受的安培力。通电前将电子秤调零，通电后，若示数为正，则导线所受安培力方向向下；若示数为负，则导线所受安培力方向向上，实现对安培力的精确测量。家用电子秤精度比微力传感器更高，量程更大，取材更方便。通过导线的电流用滑动变阻器和电流传感器来控制与测量。

问题：如何定量控制磁感应强度 B？

分析：如果采用永磁铁提供磁场，则磁场强弱不能定量连续调节，且边缘效应会导致磁场分布不均。亥姆霍兹线圈磁场较微弱，用 0.8 mm 的漆包线、绝缘胶布、90 mm × 40 mm × 30 mm 的铁芯，自制一对平行正对放置的电磁铁来提供水平方向的匀强磁场。连接学生电源，通过滑动变阻器调节电磁铁中电流强弱，利用电磁铁的磁感应强度和电流有非常好的正比关系，从而实现对磁感应强度 B 的定量测量。

问题：如何定量控制长度 L？

分析：如果利用带抽头的线圈，通过对同一线圈改变匝数的办法来控

制长度 L，则对长度 L 的改变不够直观。用挂钩和泡沫制成的卡扣可以方便地实现线圈的更换和固定。用 4 个 100 匝的正方形线圈，制作成 4 个不同宽度的线圈，可以实现对长度的定量控制。

问题： 如何定量控制电流和磁场间的夹角？

分析： 线圈的背板可以在支架内绕轴旋转，结合其上方的角度盘实现对夹角的控制和测量，旋紧旋钮又可以固定其位置，避免线圈左右两侧的导线受力旋转而不稳定。为什么要旋转线圈而不是旋转磁场呢？因为根据控制变量的思想，在改变夹角时，需要保证导线所在位置处的磁感应强度为定值。为避免线圈旋转时导线牵动对电子秤测量产生较大影响，在支架下方单独引出两接线柱连接线圈。利用小磁针确定好导线所在处的磁场方向，将角度盘和指针调整为与 0° 刻度对齐。

2. 探究安培力与电流大小的关系

操作： 控制 I_B、L、θ 的大小一定，改变线圈中电流 I 的大小。利用记录单中的表 1 和方格纸，观察、记录、拟合数据，分析拟合图线。

表 1　探究安培力与电流大小的关系

次数	导线长度 / cm	角度 $\theta/°$	磁场电流 I_B/A	线圈电流 I/A	安培力 / (9.8×10^{-3} N)
1					
2					
3					
4					
5					
6					
7					

结论： 通电导线所受安培力与电流大小成正比。

3.探究安培力与磁感应强度大小的关系

操作：控制 I、L、θ 的大小一定，改变磁场中 I_B 的大小，利用记录单中的表2和方格纸，观察、记录、拟合数据，分析拟合图线。

表 2　探究安培力与磁感应强度大小的关系

次数	导线长度 /cm	角度 θ/°	磁场电流 I_B/A	线圈电流 I/A	安培力 / (9.8×10^{-3} N)
1					
2					
3					
4					
5					
6					
7					

结论：通电导线所受安培力与磁感应强度大小成正比。

4.探究安培力与导线长度的关系

操作：控制 I、I_B、θ 的大小一定，改变导线长度 L，利用记录单中的表3和方格纸，观察、记录、拟合数据，分析拟合图线。

表 3　探究安培力与导线长度的关系

次数	导线长度 /cm	角度 θ/°	磁场电流 I_B/A	线圈电流 I/A	安培力 / (9.8×10^{-3} N)
1					
2					
3					
4					

续表

次数	导线长度/cm	角度 $\theta/°$	磁场电流 I_B/A	线圈电流 I/A	安培力/（9.8×10^{-3}N）
5					
6					
7					

结论：通电导线所受安培力与导线长度成正比。

5.探究安培力与磁场及导线方向夹角 θ 的关系

操作：控制 I、I_B、L 的大小一定，改变磁场与导线方向的夹角 θ，利用记录单中的表4和方格纸，观察、记录、拟合数据，分析拟合图线。

表4　探究安培力与磁场及导线方向夹角 θ 的关系

次数	导线长度/cm	角度 $\theta/°$	$\sin\theta$	磁场电流 I_B/A	线圈电流 I/A	安培力/（9.8×10^{-3}N）
1						
2						
3						
4						
5						
6						
7						

结论：通电导线所受安培力与磁场及导线方向夹角的正弦值成正比。

分析：根据实验所测数据作安培力与磁场电流、线圈电流、导线长度、夹角正弦值间的关系图，均得到正比例图像，说明安培力与所探究物理量均为正比关系，即符合理论推导得出的表达式。

设计意图：安培力定量探究演示仪取材方便、测量精度高、数据准确、操作方便、设计新颖、变量测量全面，利用这一自制教具使课堂上定量探究安培力的大小成为可能。

（三）磁电式电流表

任务：学生观察磁电式电流表的内部构造，用所学知识解释其工作原理。

【学习收获】

1. 判断安培力的方向——左手定则。

左手定则内容；$F \perp B$，$F \perp I$，$F \perp B$ 与 I 所在的平面。

2. 安培力大小的表达式 $F=BIL\sin\theta$。

3. 应用：磁电式电流表。

【作业布置】

1. 完成教材课后习题。

2. 收集本节另一个应用——电磁炮技术发展的资料，制作展示 PPT。

八 板书设计

第一节　磁场对通电导线的作用力——利用自制教具改进安培力的探究实验	
一、安培力的方向 1. 左手定则。 2. $F \perp B$，$F \perp I$，$F \perp B$ 与 I 所在的平面。 二、安培力的大小 $F=BIL\sin\theta$（θ 为 B 与 I 的夹角）	三、应用 1. 磁电式电流表。 2. 电磁炮（课后收集资料）。

专家点评

　　本节实验教学案例采用自制的实验装置探究了磁场对通电导线的作用力。教师组织引导学生开展了自主探究、交流，利用自制的实验教具，让学生通过实验探究了安培力大小与电流、磁场方向的空间关系，以及安培力大小遵循的规律。

　　本实验采用微力传感器测量安培力及其分力，探究了安培力的方向，实验数据的处理采用了放大的思想，并且利用"3.7 V　750 F"的超级电容来提供较强的瞬时电流，以获得更大的安培力，有效减小了实验误差，通过改变磁场方向，引导学生画出电流、磁场、安培力三者的关系，从而归纳出安培力垂直于磁场和电流方向构成的平面，磁场和电流可以有任意角度。通过自制的实验教具进行探究，符合学生从特殊到一般的认知规律，深化了学生的物质观、运动与相互作用观，有效突破了安培力、磁场、电流方向间关系的认知误区，有助于学生对物理概念、规律进行总结和升华。在实验过程中，学生运用科学的方法进行思维，通过观察实验现象，尝试通过力与运动的关系对通电导线的作用力进行归纳总结，体现了模型建构、科学推理、科学论证等思维，自制的创新实验装置充分体现了创新思维的渗透与培养。

　　安培力定量探究实验仪是自主设计制作的，测量全面、取材方便，传感器的使用使测量精度大大提高，数据准确，增强了实验的准确性和可靠性，操作方便、设计新颖。在实验探究过程中，学生完全参与其中，提高了学生的质疑、创新思维和科学探究能力。实验设计贴近实际，充分考虑了实验原理和实际情况，激发了学生的探究欲望和兴趣。

　　本节实验教学案例的两大实验，实验设计原理严谨，紧抓实验特点。需要注意的是：在教学过程中要强化对学生科学推理和论证的指导，提高逻辑思维能力，实验中要引导学生更多地关注实验现象，深入探究现象背后的本质；从实验目的、实验设计、现象猜测、实验结果等依次展开，培养学生的科学探究素养；在实验前需要加强对学生的培训，提高学生的操作能力与课堂探究效率。

"探究法拉第电磁感应定律"
实验教学创新案例

教科书版本及对应章节：山东科学技术出版社《普通高中教科书 物理 选择性必修 第二册》第二章第二节

授课年级：高中二年级

设计人：福建省厦门市同安第一中学　陈磊磊

一 教材分析

《普通高中物理课程标准（2017 年版 2020 年修订）》对本节知识的要求是通过实验，理解法拉第电磁感应定理定律。本章第一节内容是从感应电流的角度来认识电磁感应现象的，本节是从感应电动势的角度来理解的，即研究"决定感应电动势大小的因素"。

本节非常重视概念建构过程，通过对一个个问题情境的探究，总结归纳出物理规律，充分培养了学生的核心素养。首先，通过创设问题情境，让学生思考和讨论，在问题的探讨中逐步形成物理概念；其次，通过定性实验对问题进一步深入探究，旨在培养学生的科学探究能力；再次，以陈述事实的方式引入法拉第电磁感应定律，体现了科学态度与责任；最后，用法拉第电磁感应定律推导出导体切割磁感线的感应电动势公式，重视对学生科学思维的培养。很多物理规律的得出，要经历对事实经验的思考以及定性或定量实验的探究，对实验结果和大量经验进行总结和归纳，最终才能得到比较完备的物理规律。让学生经历和体验这样的建构过程，有助于提升学生的科学素养。

同时，教材还关注了电磁感应现象中能量转化的过程，让学生从能量守恒的角度理解电磁感应现象，对学生能量观的形成大有帮助，教师在进行这一部分的教学时应予以适当关注。

二 学情分析

知识基础：

1. 已经掌握电磁学的基础知识。

2. 已学习了电磁感应的基本概念。

心理特点：

1. 学生对于新奇、有趣的实验现象充满好奇。

2. 学生通常喜欢亲自动手进行实验。

3. 学生在学习过程中渴望获得成功体验。

认知困难：

1. 理解法拉第电磁感应定律的抽象性。

2. 实验操作技能的掌握。

3. 数据分析与结论推导能力。

三 学习目标

1. 通过实验，理解法拉第电磁感应定律。

2. 对实验现象能用科学的思维方法进行分析、判断、推理，总结出感应电动势的大小与磁通量变化率、匝数的关系。

3. 会用控制变量法进行定性、定量的实验探究，体验探究实验的一般过程和方法，能对探究过程进行交流和质疑。

4. 通过对法拉第电磁感应定律在生活中的应用，培养学生应用定律发现问题、解决问题的能力。从提出感应电动势的大小与什么因素有关，到实验探究、归纳总结出物理规律并加以运用，让学生体验探究自然规律的艰辛与喜悦，提高学生对科学探究的兴趣，提升学生的科学态度与责任。

四 教学重难点

教学重点：法拉第电磁感应定律。

教学难点：对磁通量的变化及磁通量的变化率的理解。

五 教学准备

PPT、软件、学案、自制创新器材、条形磁铁、电流计。

六 教学流程图（图1）

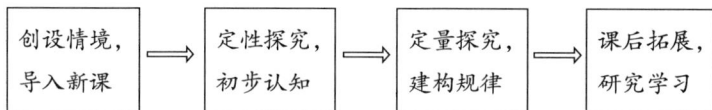

创设情境，导入新课 ⇒ 定性探究，初步认知 ⇒ 定量探究，建构规律 ⇒ 课后拓展，研究学习

图1

七 教学过程描述

【新课引入】

创设情境，导入新课

教师通过演示实验创设问题情境，让学生思考和讨论。

目的： 引导学生说出影响感应电流大小的因素有哪些。

结构： 利用多匝线圈、发光二极管和导线，连接如图 2 所示电路。

演示： 将强磁铁插入线圈，观察小灯泡的发光亮度。

现象： 强磁铁插入越快，灯泡越亮。

结论： 强磁铁插入越快，感应电流越大。

通过实验观察和问题引导，学生认识到感应电流的大小与磁通量的变化率有关：磁通量的变化率越大，感应电流越大。

图 2

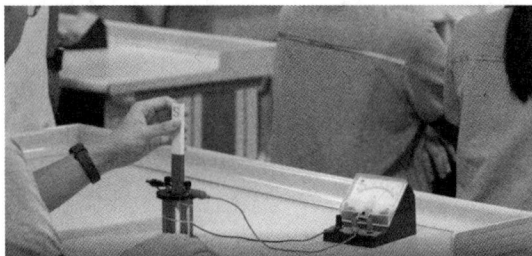

图 3

【新课教学】

（一）定性探究，初步认知

引入感应电动势的概念，要注意温故知新。要使闭合电路中有持续的电流，其中必有电动势的存在。在电磁感应现象中，闭合电路中有感应电流，必然存在对应的电动势，即感应电动势。

比较概念之间的内在联系，使学生深刻理解概念的本质。由感应电流过渡到感应电动势，对学生来说，是从现象到本质的认识深化过程。设计如下实验。

目的： 定性地得出感应电动势的大小与电路中磁通量变化的快慢有关。

仪器： 线圈、电流表、条形磁铁。

设计思路： 线圈的两端与电流表相连。使强磁体从长玻璃管上端由静止下落，穿过线圈，如图 3 所示。分别使线圈距离上管口 20 cm、30 cm、40 cm 和 50 cm，记录电压数据。分别改变线圈的匝数、磁体的磁感应强度，重复上面的实验，得出定性的结论。

现象： 高度、匝数、磁体的磁感应强度改变时，电流表示数发生变化。

结论： 感应电动势的大小与磁通量变化的快慢、线圈的匝数有关。

通过实验观察和问题引导学生自主得出结论，教师归纳总结。

（二）定量探究，建构规律

磁通量变化的快慢可以用磁通量的变化率 $\dfrac{\Delta\phi}{\Delta t}$ 来描述，在学生已学过的数学知识中，可以用磁通量对时间的导数来表示磁通量的变化率。由于 $\dfrac{\Delta\phi}{\Delta t} = N\dfrac{\Delta B}{\Delta t}S$，因此采用控制变量法，首先固定线圈面积 S 与线圈匝数 N 不变，探究感应电动势 E 与 $\dfrac{\Delta B}{\Delta t}$ 的关系，之后固定磁场变化率 $\dfrac{\Delta B}{\Delta t}$ 与线圈面积 S 不变，探究感应电动势 E 与 N 的关系；最后固定线圈匝数 N 与磁场变化率 $\dfrac{\Delta B}{\Delta t}$ 不变，探究感应电动势 E 与 S 的关系。

目的： 定量分析，推导法拉第电磁感应定律。

仪器： 自制创新器材（图 4、图 5）。

结构： 装置支架为亚克力材料，主要器件包含电动机及调速器、强磁铁（铷铁硼）、电压传感器、磁感应强度传感器、数据采集器及电脑等。

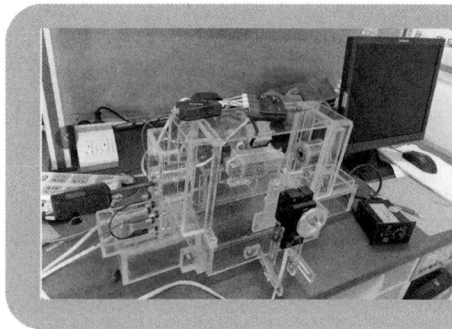

图 4　仪器装置图（正面）　　图 5　仪器装置图（侧面）

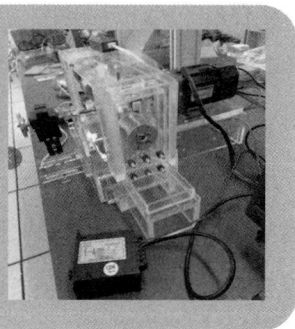

实验设计思路：利用电动机驱动磁铁转动产生非线性的交变磁场，使线圈的磁通量变化产生感应电动势，借助传感器采集实验数据，并用软件定量分析。

学生活动：分组实验，记录数据，用计算机软件作图像。

实验 1：控制 N 和 S 不变，探究出 E 和 $\dfrac{\Delta B}{\Delta t}$ 成正比关系（图 6）。

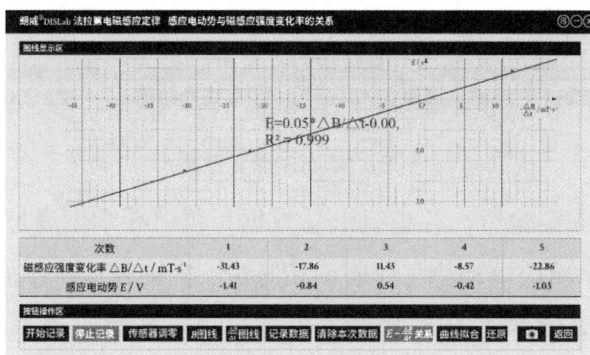

图 6 实验 1 探究结果

实验 2：控制 $\dfrac{\Delta B}{\Delta t}$ 和 S 不变，探究出 E 和 N 成正比关系（图 7）。

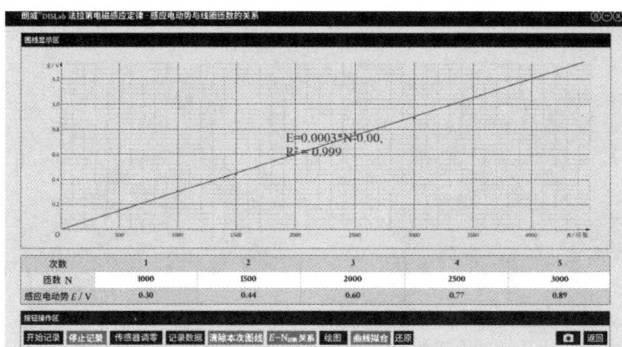

图 7 实验 2 探究结果

实验3：控制 N 和 $\dfrac{\Delta B}{\Delta t}$ 不变，探究出 E 和 S 成正比关系（图8）。

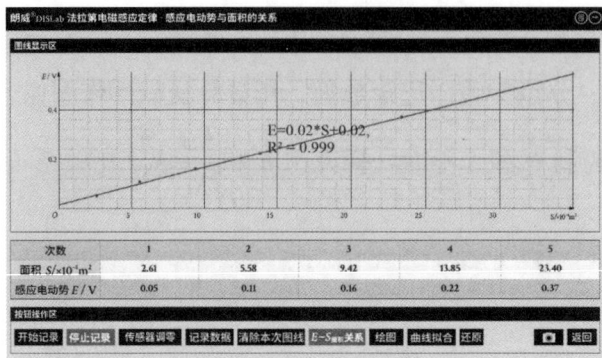

图8　实验3探究结果

结论： 完成实验后，各小组汇总数据，再引导学生通过对数据的分析和计算，总结出感应电动势与线圈面积匝数、磁通量变化率成正比。

总结归纳： 在学生分析基础上教师给出法拉第电磁感应定律的公式 $E = N\dfrac{\Delta B}{\Delta t}S = N\dfrac{\Delta \Phi}{\Delta t}$。

（三）课后拓展，研究学习

1. 通过电磁感应定律的学习，引导学生课后开展小组研究性学习，查阅资料并制作小仪器，如简易风速仪（图9）、自行车车灯（图10）等。

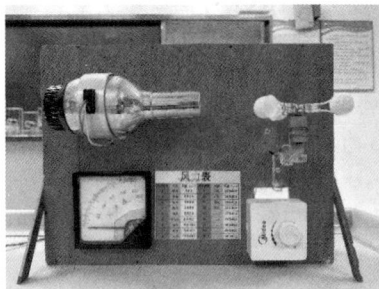

图9　简易风速仪

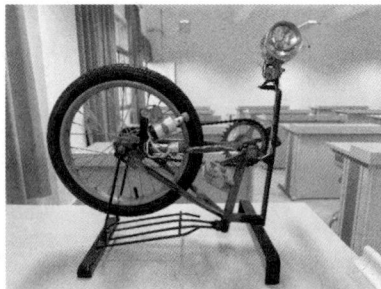

图10　自行车车灯

2. 课后了解电磁感应定律在生活中的各种应用，如门禁卡、无线充电等。

【学习收获】

1. 这节课你学会了什么知识？

通过定量的实验探究，得到了法拉第电磁感应定律的具体公式。

2. 在学习过程中运用了什么方法？

运用了控制变量法。

3. 在学习过程中遇到了什么困难？你是如何解决的？

【作业布置】

1. 将长约 15 m 的铜芯双绞线两端接在灵敏电流计上，拉开形成一个长回路。面对面站立的两位同学像甩跳绳那样以每秒 2～3 圈的频率摇荡半个回路，如图 11 所示。观察电流计指针的摆动情况并解释原因。换一个站位方向，再试一试。两位同学是沿南北方向站立时实验现象更明显，还是沿东西方向站立时实验现象更明显？这是为什么呢？

图 11

2. 航天飞机在环绕地球的轨道上飞行时，从中释放一颗卫星。若卫星与航天飞机保持相对静止，两者用导电缆绳相连，这种卫星称为绳系卫星。现有一颗绳系卫星在地球赤道上空自西向东运行，卫星位于航天飞机的正上方，它与航天飞机间的距离是 20.5 km（远小于航天飞机的轨道半径），它们所在处的地磁场的磁感应强度 $B = 4.6 \times 10^{-5}$ T，磁场方向沿水平方向由南向北，航天飞机和卫星的运行速度为 7.6 km/s。

（1）求导电缆绳中的感应电动势；

（2）导电缆绳的哪一端电势高？

八 板书设计

第二节　探究法拉第电磁感应定律	
一、影响感应电流大小的因素 N、B、S、$\Delta\Phi$、$\dfrac{\Delta\Phi}{\Delta t}$ 二、感应电动势 感应电流→感应电动势 三、探究影响感应电动势的因素 小组实验探究→磁通量的变化率	四、法拉第电磁感应定律 1.公式：$E = N\dfrac{\Delta\Phi}{\Delta t}$ 2.理解：Φ、$\Delta\Phi$、$\dfrac{\Delta\Phi}{\Delta t}$

专家点评

　　本节实验教学案例利用数字化信息系统创新实验，定量探究了法拉第电磁感应定律。教师通过一系列精心设计的环节和问题，以学生的认知发展过程为主线，采用传感器定量探究了法拉第电磁感应定律。在教师恰当的指导下，学生分别从定性与定量的角度深入理解法拉第电磁感应定律，掌握科学探究的方法，培养学生的物理学科核心素养。学生分组进行定性实验，通过合作讨论，初步得到回路中磁通量变化得越快，产生的感应电动势越大的感性认识，并得出磁通量的变化率这一概念。

　　本节实验教学案例的创新之处是采用传感器进行定量探究实验，利用电动机驱动磁铁产生交变磁场，通过调节不同的电动机转速，产生线性或者非线性的交变磁场，通过专业软件进行数据处理，从而探究法拉第电磁感应定律。教材上给出了磁场线性变化情况下的实验方案，本节实验教学案例可以探究非线性变化情况下的规律，使结论更具普遍性。并且还创造性采用可以改变匝数和面积的线圈，探究出磁感应强度变化率不变的情况下，感应电动势与面积、匝数之间的定量关系。

在实验过程中，学生通过观察和数据分析，深化了对法拉第电磁感应定律的理解，强化了物理观念。在创新实验的过程中，学生基于观察和实验提出问题、形成猜想和假设、设计实验与制订方案、获取和处理信息、基于证据得出结论并做出解释。这一系列过程充分体现了学生的科学探究能力，并且发展了其物理科学思维。

最后教师还引导学生课后进行小组研究性学习，研究简易风速仪、自行车车灯，了解门禁卡、无线充电等的工作原理，强调了这些应用背后的科学本质，让学生意识到科学技术对社会生活的影响，培养了科学态度与责任。

本实验设计新颖，过程严谨，注重学生科学思维和科学探究能力的培养，但在实验前需加强学生对传感器的使用培训，提高学生的操作能力，避免因操作不当导致实验失败；在实验过程中，教师也要加强巡视指导，及时解决实验过程中可能存在的问题。

"涡流、电磁阻尼和电磁驱动"实验教学创新案例

教科书版本及对应章节：人民教育出版社《普通高中教科书 物理 选择性必修 第二册》第二章第三节

授课年级：高中二年级

设计人：河北省衡水中学 吴亚颖

一 教材分析

在本节之前教材已经设置了感应电流、楞次定律、法拉第电磁感应定律等课时，通过本节课的学习可以进一步加深对以上知识的理解。本节主要包括三部分内容：涡流、电磁阻尼和电磁驱动。本节主要侧重于知识的实际应用。

二 学情分析

学生虽然已经掌握了电磁感应的基本知识，但是在分析实际问题时，他们的抽象概括能力还比较弱，在学习方式上，也更倾向于借助实验提供的感性材料来获取知识。

三 学习目标

1.理解涡流、电磁阻尼和电磁驱动的概念，并会进行实例分析，掌握

感生电场的产生原因，了解涡流现象的应用及防止。

2.借助魔术探究揭秘，培养构建模型及借助模型分析实际问题的能力，熟练掌握利用控制变量法进行科学推理和科学论证。

3.会测量分析实验数据，获得实验结论。利用涡流、电磁阻尼和电磁驱动知识制作金属探测仪及电磁炮，并能进行器材的迭代更新，形成尊重实验事实的科学态度。通过学习涡流的应用与防止，养成辩证看待问题的科学态度。

四 教学重难点

教学重点：涡流的产生、应用及防止。

教学难点：电磁阻尼和电磁驱动的实例分析。

五 教学准备

PPT、软件、演示实验器材、自制创新器材、学案等。

六 教学流程图（图1）

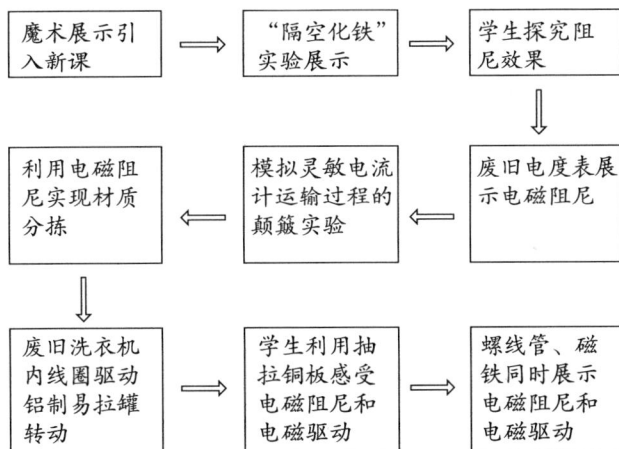

```
┌─────────┐     ┌─────────┐     ┌─────────┐
│魔术展示引│ ──▶ │"隔空化铁"│ ──▶ │学生探究阻│
│入新课   │     │实验展示  │     │尼效果   │
└─────────┘     └─────────┘     └─────────┘
                                      │
                                      ▼
┌─────────┐     ┌─────────┐     ┌─────────┐
│利用电磁阻│     │模拟灵敏电流│    │废旧电度表│
│尼实现材质│ ◀── │计运输过程的│ ◀──│展示电磁阻│
│分拣     │     │颠簸实验  │     │尼       │
└─────────┘     └─────────┘     └─────────┘
     │
     ▼
┌─────────┐     ┌─────────┐     ┌─────────┐
│废旧洗衣机│     │学生利用抽│     │螺线管、磁│
│内线圈驱动│ ──▶ │拉铜板感受│ ──▶ │铁同时展示│
│铝制易拉罐│     │电磁阻尼和│     │电磁阻尼和│
│转动     │     │电磁驱动  │     │电磁驱动  │
└─────────┘     └─────────┘     └─────────┘
```

图1

七 教学过程描述

【新课引入】

图2   图3   图4

（一）魔术展示一："沸水活鱼"，如图 2 所示。

实验器材：电磁炉、分区鱼缸、金属片、小鱼。

实验过程：将鱼缸放置在电磁炉上，鱼与金属片分别放置于鱼缸的两个区域，打开电磁炉开关，一段时间后水沸腾了，而鱼却安然无恙。借助该魔术引出涡流的概念。

（二）魔术展示二："空中点穴"，如图 3 所示。

实验器材：木制支架、细线、磁铁、图钉、气球、厚铜板。

实验过程：将图钉固定在磁铁上，将磁铁拉离平衡位置一定角度由静止释放，磁铁迅速摆下，扎破了前方的气球。再设置一组对照实验，在磁铁正下方放置两块厚铜板，与磁铁靠近但不接触，再次将磁铁拉离平衡位置同样的角度由静止释放，这一次磁铁运动到铜板上方时运动迅速停止，如同被点穴一般。借助该魔术引出电磁阻尼的概念。

（三）魔术展示三："旋转铝蛋"，如图 4 所示。

实验器材：转盘、磁铁、平台、电机、铝蛋。

实验过程：将铝蛋放于平台上，打开电机开关，电机带动转盘和磁铁高速旋转，铝蛋也跟着高速旋转了起来。借助该魔术引出电磁驱动的概念。

【新课教学】

（一）"隔空化铁"实验，如图 5 所示。

实验器材：电磁熔炼炉、金属棒。

图 5

实验过程：将金属棒插入通有高频交流电的线圈内，金属棒顶端由于涡流加热迅速达到熔融状态。通过该实验进一步展示涡流的热效应，加深学生对涡流这一概念的理解。

（二）学生探究阻尼效果实验，如图 6 所示。

实验器材：木制支架，细线，磁铁，材质、厚度、尺寸不同的紫铜板和铝板。

图 6

实验过程：学生分组探究，利用控制变量的方法，每次将磁铁拉离平衡位置一样的角度由静止释放，记录放置不同金属板时磁铁摆动的次数，进而分析电磁阻尼的效果与金属板的材质、厚度、尺寸之间的关系。通过学生的分组探究，加深对电磁阻尼这一概念的理解。

（三）废旧电度表展示电磁阻尼，如图 7 所示。

实验器材：废旧电度表、磁铁。

实验过程：将废旧的电度表拆开，内部的铝盘在外力作用下高速旋转，当磁铁靠近铝盘时，铝盘转速明显变慢，由此让学生亲身感受电磁阻尼的效果。

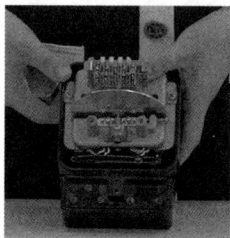  

图 7   图 8   图 9

（四）模拟灵敏电流计运输过程的颠簸实验，如图 8 所示。

实验器材：两个相同的灵敏电流计、木板、胶水、摄像机、导线。

实验过程：将两个灵敏电流计与手机固定在同一木板上，来回晃动木板，以此模拟运输过程中的颠簸情况，将手机录到的视频近景慢镜头播放，发现两个灵敏电流计的指针偏角幅度完全相同。将左侧灵敏电流计的正负接线柱通过导线短接，重复实验，发现左侧灵敏电流计的指针偏角幅度明显小于右侧。由此引导学生理解利用电磁阻尼的原理，可以有效地防止运输过程中灵敏电流计指针偏角幅度过大造成的损害。

（五）利用电磁阻尼实现材质分拣，如图 9 所示。

实验器材：木制背板支架、铁质支架、塑料软导轨、多个直径 1 cm 的塑料球及铝球。

实验过程：将磁铁固定于倾斜导轨的底端，将相同直径的塑料球和铝球由导轨的同一位置静止释放。由于电磁阻尼的影响，铝球在导轨上运动至磁铁区域时，运动速度明显变慢，导致铝球冲出轨道时速度小于塑料球，之后做平抛运动落至不同的水杯之中。在垃圾处理时可以应用此现象进行材质分类。

（六）废旧洗衣机内线圈驱动铝制易拉罐转动，如图 10 所示。

实验器材：废旧洗衣机内的线圈定子、铝制易拉罐、开关。

图 10

实验过程：将废旧洗衣机内的线圈拆下，将铝制易拉罐置于线圈内部，接通电源，铝制易拉罐旋转起来，以此让学生进一步感受电磁驱动的效果。

（七）学生利用抽拉铜板感受电磁阻尼和电磁驱动，如图 11 所示。

实验器材：两块强磁铁、底座支架、厚紫铜板。

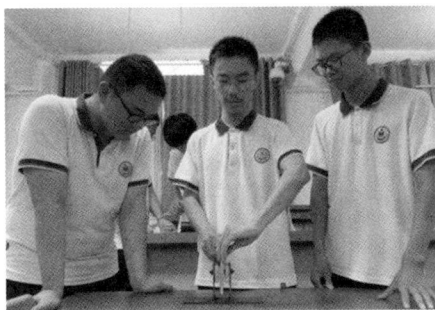

图 11

实验过程：将两块强磁铁固定于底座支架上，将一块厚铜板插入两块磁铁之间，靠近但不接触，猛地拔出铜板，手部能感受到非常强烈的电磁阻尼效果，同时磁铁在电磁驱动的作用下能被拉动起来。重复实验，缓慢拉动铜板，手部感受到的电磁阻尼效果明显减弱。通过该实验，让学生亲身感受电磁阻尼和电磁驱动的效果，并意识到电磁阻尼和电磁驱动的效果与金属板及磁铁之间的相对运动快慢有直接关系。

（八）螺线管、磁铁同时展示电磁阻尼和电磁驱动，如图 12 所示。

实验器材：两个匝数为 3 000 的铜导线螺线管、两个相同的弹簧、两个相同的条形磁铁、支架。

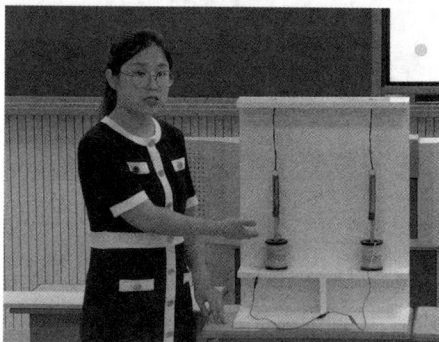

图 12

实验过程：将两个磁铁上方通过弹簧悬挂，下方悬空置于螺线管内部，将左侧磁铁拉离平衡位置由静止释放，左侧磁铁振动，在回路内产生感应电流，感应电流的磁场带动右侧磁铁及弹簧上下振动起来，初始过程中左侧弹簧受到电磁阻尼，右侧弹簧受到电磁驱动。左侧振动幅度逐渐减小，右侧振动幅度逐渐增加，当右侧幅度超过左侧时，右侧磁铁运动变为产生感应电流的原因，地位交换，右侧受到电磁阻尼，左侧受到电磁驱动。如果能够完全忽略空气阻力及回路中的热量损耗，则左右两侧磁铁地位将一直重复交换。

（九）简易版金属探测仪，如图 13 所示。

实验器材：铜导线、电容器、废旧耳机线、手机。

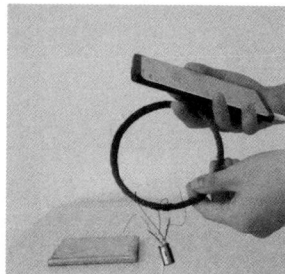

图 13

　　实验过程： 将铜导线缠绕成多匝线圈，与一个电容器相连，将废旧耳机线剪断，内部导线与电容器相连，耳机插入耳机孔中，手机调成收音机模式，当线圈靠近金属时，手机内就会发出"呲呲呲"的响声，制成一个简易版的金属探测仪。

　　（十）简易版电磁炮，如图 14 所示。

图 14

　　实验器材： 电池、电容器、铜导线、小铁块、电路板、硬纸板、塑料管。

　　实验过程： 将铜导线、电池、电容器、电路板组成回路并固定在硬纸板上，将铜导线缠绕在塑料管上，将铁块置于塑料管内部，接通电源给电容器充电，摁下放电开关，内部铁块在电磁驱动作用下迅速弹出，制成简易版的电磁炮模型。

　　【学习收获】

　　三个魔术的引入，激发了学生的好奇心和求知欲。借助学生对魔术的探究揭秘，让学生体会科学探究的过程。借助学生动手体验，亲身感受电磁阻尼、电磁驱动的效果。最后学生通过动手制作金属探测仪及电磁炮，将知识应用到实际，由生活走向物理，又由物理走向社会，体现了 STSE 的教育思想。

　　【作业布置】

　　1.完成教材课后习题。

2.利用周末的时间制作生活化实验器材演示涡流、电磁阻尼和电磁驱动现象。

八 板书设计

第三节　涡流、电磁阻尼和电磁驱动	
一、创设情境，导入新课	5.利用电磁阻尼实现材质分拣
1.魔术展示一："沸水活鱼"	6.废旧洗衣机内线圈驱动铝制易拉罐转动
2.魔术展示二："空中点穴"	
3.魔术展示三："旋转铝蛋"	7.学生利用抽拉铜板感受电磁阻尼和电磁驱动
二、创新实验	
1."隔空化铁"实验	8.螺线管、磁铁同时展示电磁阻尼和电磁驱动
2.学生探究阻尼效果实验	
3.废旧电度表展示电磁阻尼	三、具体应用
4.模拟灵敏电流计运输过程的颠簸实验	1.简易版金属探测仪
	2.简易版电磁炮

专家点评

　　《普通高中物理课程标准（2017年版2022年修订）》要求通过实验，了解自感现象和涡流现象，能举例说明自感现象和涡流现象在生产生活中的应用。吴亚颖老师通过改造升级教材实验，利用身边的废旧物品设计实验，创新设计总共十余个实验来实现课标要求，实属难得。

　　本节实验教学案例的创新点是吴老师原创开发了一系列现象明显、容易观察的实验。有的实验在生活中貌似常见，其实并不知其所以然；有的实验神秘新奇、极易激发好奇心；还有的实验与生活生产实际紧密联系、比较实用。启发激励学生用科学眼光观察生活、改造生活。物理教师这种强大的动手能力、创新实践和创新精神，必然会对学生起到巨大而深远的影响和激励。

本节实验教学案例的优点是紧密围绕三个概念、三种现象、多种应用，不拘泥于教材的原始设计，对课程资源进行了灵活的处理与整合。比如模拟灵敏电流计运输过程的颠簸实验，涉及升级改造，比较精致；把教材中独立的电磁阻尼和电磁驱动实验组合起来，利用互感，发展成更有趣的实验。可以看出教师在此过程中下了很大功夫。学生体验、感受电磁阻尼效果的实验也设计得比较丰富和深入，在教材实验的基础上有所发展创新，将演示变为分组。

本节实验教学案例的不足之处是"魔术三"没有明确指出平台和转盘并不是固定在一起的，容易引起误导；改进方向是在操作"魔术"时，可以有意遮挡部分场景，稍做神秘状，更易激发学生强烈的好奇心。

在讲授本堂课时需要注意的问题是，除了如"隔空化铁"实验存在一定的安全隐患之外，应更多地指导学生操作，如第二个"魔术"可以教师做第一步，稍加遮挡放置厚铜板，邀请学生做第二步，效果会更好。

"交变电流的描述"实验教学创新案例

教科书版本及对应章节：人民教育出版社《普通高中教科书 物理 选择性必修 第二册》第三章第二节

授课年级：高中二年级

设计人：云南省昆明市第八中学 刘晓

一 教材分析

《普通高中物理课程标准（2017年版2020年修订）》对本节的要求是，能用公式和图像描述正弦交变电流。此前学生已经学习了交流电的产生过程及交流电的瞬时值、峰值。对于正弦式交变电流，由于没有学积分公式，教材直接给出了这一公式及适用条件，便于学生学习。

有效值的概念和计算公式是本节的难点，教材中给出了交变电流有效值的定义，"思考与讨论"栏目通过计算交变电流的有效值加深了对"热量相等"这一概念的理解。本节课采用演示实验的方式，让学生直观地体会有效值计算公式的由来，便于学生理解。

二 学情分析

知识基础：

学生经过之前的学习，已经对电流随时间变化的图像有一定的了解，对"等效""微元"的物理思想有了基本的认识与了解。

心理特点：

学生在数学课程中对正弦函数和余弦函数有了比较深入的了解，熟悉它们的图像。因此，用数学表达式和图像描述交变电流，学生会比较容易接受。

认知困难：

有效值的概念学生接触较少，难以把握其含义。学生不具备求函数积分的能力，有方法而不能用，有疑问而不能答，这给教学带来了一定的难度。

三　学习目标

1. 了解正弦交变电流有效值 $I = \dfrac{I_m}{\sqrt{2}}$ 的计算，加深对"产热量等效"这一标准的理解。让学生进一步体会"等效"和"微元"的物理思想。

2. 本实验没有直接测量热量，而是设计了一个储水装置。学生要理解通过数学图形和物理实验相结合的方式解决问题的原理。培养学生发散、灵活的物理思维以及学以致用的科学态度。

3. 能够用图像来表示一个交变电流，并根据图像描述交流电或电压的最大值以及某一时刻的瞬时值，进而计算有效值。

4. 了解我国家庭电路的频率和电压的有效值。知道家用电器的电压与电流的额定值其实是有效值。

四　教学重难点

教学重点：根据电流热效应的"等效"思想，求常见交变电流的有效值。用图像和公式描述正弦式交变电流。

教学难点：有效值的理解与计算。

五 教学准备

教学法：小组讨论、演示实验法。

教具：自制面板、红色液体、PPT、学案。

六 教学流程图（图1）

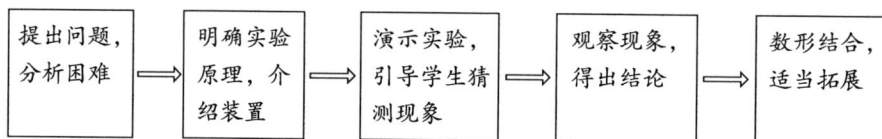

| 提出问题，分析困难 | → | 明确实验原理，介绍装置 | → | 演示实验，引导学生猜测现象 | → | 观察现象，得出结论 | → | 数形结合，适当拓展 |

图1

七 教学过程描述

【新课引入】

温故知新，导入新课

教师带领学生回顾电流热量的计算，让学生完成课本"思考与讨论"栏目中的两道习题，讲解电流热效应的等效，让学生掌握有效值及"热效应相等"的概念，掌握方波交变电流有效值的计算方法。

思考与讨论：图2是通过一个 R 为 $1\ \Omega$ 的电阻的电流 i 随时间变化的曲线。这个电流不是恒定电流。

1. 怎样计算通电 $1\ s$ 内电阻 R 中产生的热量？

2. 如果有一个大小、方向都不变的恒定电流通过这个电阻 R，也能在 1 s 内产生同样的热，这个电流是多大?

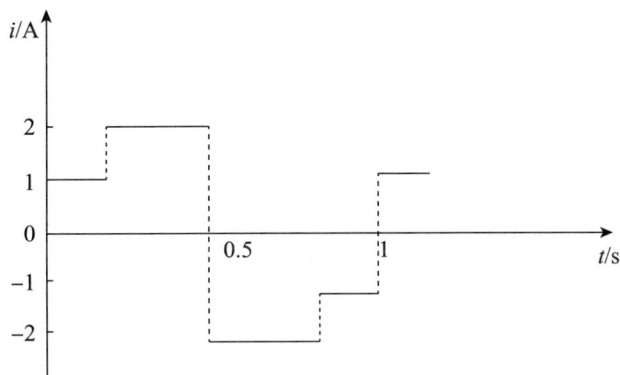

图 2

【新课教学】

教师提问：如何计算图 3 中正弦式交变电流的有效值呢?

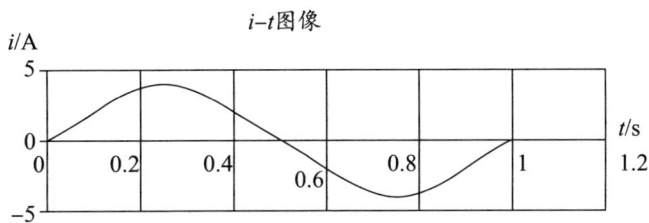

图 3

学生认为可以沿用计算方波交变电流有效值的方法，但是发现了难点：不会计算正弦式交变电流流经电阻的热量。

教师继续提问：不能直接计算热量，有没有别的途径来间接求出? 我们学过类似问题的处理方法吗? 从而调动学生的高阶思维，强化学生对微元法的应用。

学生经过思考与讨论想到可以用 i^2-t 图像的面积进行求解，或者采用微元法。

教师继续提出问题：

1. 以交变电流为例，大家能定性地画出 i^2-t 图像吗？（指导学生标出峰值）

2. 如何求 i^2 图线与坐标轴所围面积？

虽然学生画得并不太准确，但大概形状和峰值能画出来，从而锻炼学生的绘图能力以及分析图像的能力。学生画出图像后（图4），发现还是不会计算。

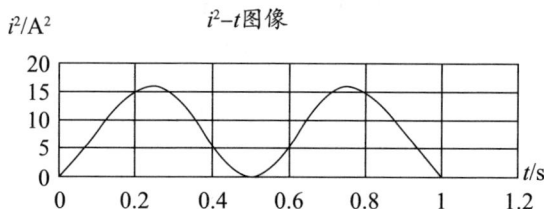

图 4

教师提示学生，大家记得爱迪生当年是怎么计算灯泡体积的吗？我们也可以用类似的方法。

学生恍然大悟，可以先注水，再倒入规则容器。

演示实验目的：通过运用微元法、等效的思想解决学生不会用积分计算有效值的问题。不测交变电流流经电阻的具体产热量，而是基于图形的面积等效来设计实验情景。将"等效""微元"的物理思想可视化，直观"看到"正弦式交变电流的有效值。

仪器：自制面板、红色液体。

结构：

1. 可通过注水孔向中空区域加水，注水孔处配有活塞，加完水要封好。

2. 面板表面印有函数图像及刻度。

3. 面板在竖直平面内可以来回翻转。

演示：演示实验装置，边讲解原理边演示实验，启发学生思考接下来的实验步骤。将红色液体从注水孔注入后，再旋转180度（图5）。

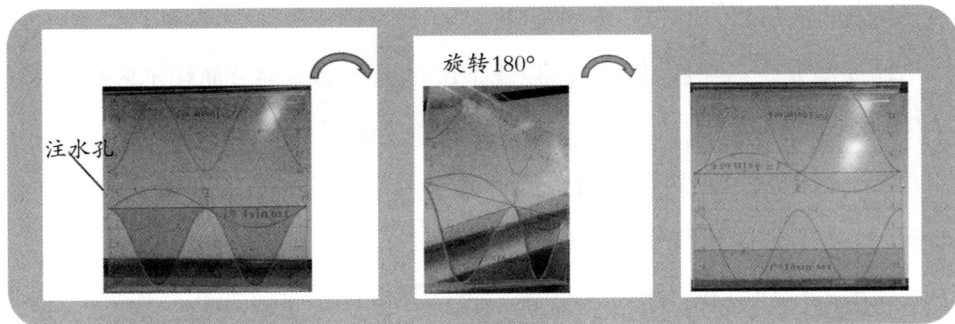

图 5

设计原理:

$i=4\sin \omega t$ (A)

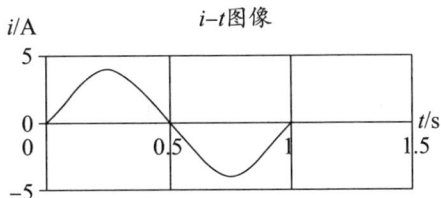

图 6

$Q=Ri^2t$

$i^2=16\sin^2\omega t$ (A^2)

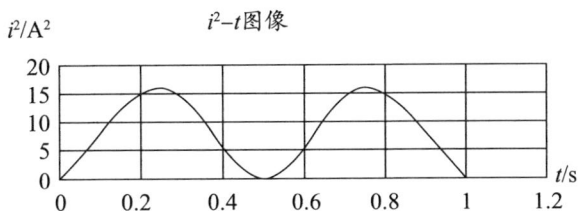

图 7

斜线区域内的水应刚好填满矩形区域。

热量相等→图像面积相等→水域面积相等。

设计思路: 图 6 是正弦式交变电流 $i=4\sin\omega t$ (A) 的图像,作 i^2–t 图像如图 7 所示。i^2 在一个周期内对时间累积的结果就是一个周期内电流通过

1 Ω 电阻的产热量。

根据微元法，斜线部分的面积就是该热量。斜线部分面积不容易得出，但根据图像的对称性，发现斜线部分面积和矩形面积一定相等。

本实验用水填满斜线区域，倒置后水一定覆盖一矩形区域。由于中空部分厚度均匀，这两部分水的面积相等。又一次用了等效的思想。

现象：两块红色区域面积相等，可以计算矩形部分面积。矩形的宽刚好是 I_m^2 的一半。

结论：矩形的宽为 8，刚好是 i^2 峰值 16 的一半。即直流电流 $I^2 = \dfrac{I_m^2}{2}$，即有效值 $I = \dfrac{I_m}{\sqrt{2}}$。

教师提问：这一结论是否必然成立？演示数学的图形变化，根据对称性看面积关系。通过作图呈现图像之间的变换，实验与理论相结合，让学生明确 $I = \dfrac{I_m}{\sqrt{2}}$ 这一结论的合理性和适用范围。可以由此进行拓展，其他形式交变电流有效值的计算也可借鉴此方法。

【学习收获】

1. 了解了正弦交变电流有效值 $I = \dfrac{I_m}{\sqrt{2}}$ 的原因，加深对"产热量等效"这一标准的理解。进一步体会与学习"等效"的物理思想和"微元"的物理方法。

2. 本实验没有直接测量产热量，而是设计了一个能装水的实物装置。明确通过数学图形和物理实验相结合的方式解决问题的原理，培养发散、灵活的物理思维以及学以致用的科学态度。

【作业布置】

1. 我国电网中交变电流的周期是 0.02 s，1 s 内电流的方向变化多少次？

2. 课后查阅我国家庭电路的频率和电压的有效值。

3. 完成教材的课后习题。

八 板书设计

第二节　交变电流的描述	
一、有效值 定义：让交变电流与恒定电流分别通过大小相同的电阻，如果在交变电流的一个周期内它们产生的热量相等，这个恒定电流的 I、U 就是这一交变电流的有效值。 公式：$I = \dfrac{I_{\mathrm{m}}}{\sqrt{2}}$。	二、演示实验 设计原理 $i = 4\sin \omega t$（A）　$Q = R\displaystyle\int_0^T i^2 dt$（J）　$i^2 = 16\sin^2 \omega t$（A²） 斜线区域内的水应刚好填满矩形区域。

专家点评

　　本节实验教学案例通过一系列精心设计的实验活动，结合学科核心素养，引导学生深入探究了交变电流的描述问题，从而培养学生的科学探究能力、实践能力和创新思维。

　　学生通过之前的学习，已经掌握了"等效""微元"等物理思想，本节实验教学案例采用自制的演示实验装置，让学生直观地体会到有效值的物理意义和计算方式。为了全面揭示交变电流的特性，本节实验教学案例不仅从传统的波形入手，还进一步分析了功率、热量等问题。接下来让学生思考正弦式交流电有效值的计算，引导学生调动高阶思维，强化学生对微元法的掌握。演示实验装置根据等效的思想制作而成，基于图形的面积等效来设计实验情境，将"等效""微元"的物理思想可视化，直观"看到"正弦式交变电流的有效值，不仅使学生掌握了有效值的定义和计算，并且深化了学生对微元法、等效法的理解，发展了物理思维。这样的设计不仅能够丰富学生的实验体验，还有助于学生构建完整、系统的知识体系，激发学生的学习兴趣，提高他们解决实际问题的能力。这种实践性和创造性并重的教学方式有助于培养学生的物理学科核心素养。

在探究正弦式交流电有效值这一难点时，采用注水法，通过面积相等来表示热量等效，因此实验教具制作时需要准确的函数图像，也可制作其他波形的交流电进行直观演示，使学生具有更加感性的认识。同时也可以采用数学方法推导正弦式交流电的有效值，以此锻炼学生的科学推理思维。

本节实验教学案例设计丰富，涉及多个知识点，教师在实验过程中要充分考虑学生的接受能力，把握好重点。本节实验教学案例的亮点在于创新的实验设计和有效值的模拟与再现，这些创新点使得实验过程更加丰富多彩、直观有趣。本节实验教学案例与日常生活联系密切，教师应鼓励学生在课后开展自主的课题研究，培养他们的自主学习能力和创新意识。

"利用自制数字化教具探究气体等温变化的规律"实验教学创新案例

教科书版本及对应章节：人民教育出版社《普通高中教科书 物理 选择性必修 第三册》第二章第二节

授课年级：高中二年级

设计人：山东省聊城第二中学　李珂　石丽华　赵洪芳

一　教材分析

《普通高中物理课程标准（2017 年版 2020 年修订）》中对本节的要求是通过实验，了解气体实验定律。从课程标准来看，对本节课知识层面的要求较低，只要求"了解"，但是对实验探究的要求比较高。最新修订版的物理课程标准中一共给出了 21 个学生必做实验，"探究等温情况下一定质量的气体压强与体积的变化"就是其中之一。

在上一节描述气体状态的三个参量体积、压强和温度的基础上，本节和下一节进一步探究一定质量的气体三个参量之间的关系，找到气体等温变化、等压变化和等容变化的规律。本节课通过探究性分组实验，逐步探究等温条件下，一定质量气体压强与体积的关系，既强化了对三个状态参量的理解，又为下一节探究等压和等容变化规律打下了基础，具有承上启下的作用。实验探究是本节课的教学重点，教材围绕"实验思路""物理量的测量"和"数据分析"安排了基于传统实验器材的分组实验与基于数字化信息技术的改进实验，但传统实验和改进实验都有其局限性。

二 学情分析

知识基础：

1.学生已经理解描述热力学系统的三个核心概念，但不清楚三个参量之间的关系。

2.通过前期研究直观的"质点"模型，学生已具有较强的逻辑推理和实验探究能力。

心理特点：

当学习抽象知识时，学生既表现出较强的好奇心和求知欲，又有一定的畏难情绪。

认知困难：

气体研究过程较为抽象。

三 学习目标

1.理解玻意耳定律的内容；强化理解热力学系统、状态参量、平衡态等核心概念。

2.经历气体等温变化的科学探究过程；通过实验探究，抽象出理想气体模型；能通过表格、图像等方法处理实验数据，归纳实验结论，对数据进行误差分析。

3.通过合作探究过程，培养自主学习、科学推理和论证能力；保持对生活中热学现象的研究热情和兴趣，培养实事求是、大胆质疑、积极创新的优秀品质。

四　教学重难点

教学重点：独立自主设计气体等温变化的实验，小组合作完成实验探究过程。

教学难点：记录、处理和分析实验数据，归纳实验结论，分析误差，优化实验方案。

五　教学准备

瓶子、气球、压力表、柱塞、橡胶套、铁架台、传感器、数据采集器、注射器、电脑（配软件）、大容量注射器、螺丝螺杆、自制集成装置（电源、传感器、微控制器、蓝牙、步进电机）、独立编写的软件程序等。

六　教学流程图（图1）

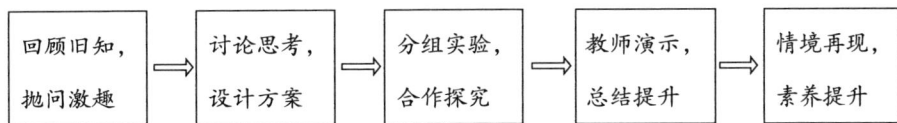

回顾旧知，抛问激趣 ⇒ 讨论思考，设计方案 ⇒ 分组实验，合作探究 ⇒ 教师演示，总结提升 ⇒ 情境再现，素养提升

图1

七　教学过程描述

【新课引入】

回顾旧知，抛问激趣

1.通过分析庆典活动上放飞的气球在升空过程中压强减小、温度降

低、体积膨胀的现象，回顾上节课内容：描述一定质量气体状态的三个参量——温度、压强和体积。教师引导学生认识到这三个参量之间有一定的联系，并深入思考：它们之间有着怎样的关系？

2.进行课堂小实验："吹不大的气球"。

目的： 让学生认识等温变化过程，定性感知温度不变情况下压强和体积的关系，为下一环节探究两者的定量关系做铺垫。

仪器： 瓶子、两只气球。

操作： 先吹一只气球，再将另一只气球反扣在瓶口吹。

现象： 瓶子外的气球一吹就大，反扣在瓶口的气球却很难吹大。

结论： 温度不变的情况下压强和体积"此消彼长"。

设计思路： 气球体积吹大一点后，气球外瓶子内的气体体积减小的同时压强增大，阻碍气球体积被继续吹大。

通过实验观察和问题引导，学生自主得出结论，教师归纳总结。

【新课教学】

1.讨论思考，设计方案

学生进行分组，一组以教材图2.2-1所示的传统器材进行实验准备，另一组以教材图2.2-4所示的改进器材进行实验准备。

教师活动： 给学生简要介绍仪器的使用方法，引导学生思考以下问题。

（1）两组实验中的研究对象分别是什么？

（2）如何确保实验过程中，气体温度不发生明显变化？

（3）实验中需要测量什么物理量？怎样测量这些物理量？

（4）如何记录、处理数据？

仪器： 压力表、柱塞、橡胶套、铁架台、传感器、数据采集器、注射器、电脑（配软件）。

学生活动： 分组讨论以上问题，并确定小组实验方案。

2. 分组实验，合作探究

两组同学按照各自确定的实验方案，分组进行实验探究。

实验操作：封闭一定质量的气体，通过控制变量法，确保气体处于等温变化过程，设计实验测量气体的压强和体积，探究等温状态下气体压强和体积的关系。

学生活动：进行实验并将数据记录在表格中，描点作图得到 p-V 和 p-$\frac{1}{V}$ 图像。交流讨论两组实验器材优缺点，分析误差并优化方案。

实验数据：数据点没有严格分布在 p-V 图像的拟合曲线和 p-$\frac{1}{V}$ 图像的拟合直线上，p-$\frac{1}{V}$ 图像中直线不过原点。

结论：传统器材的优点是价格便宜，构造及仪器操作简单，便于分组。缺点是仪器密封性不高，实验操作过程中手易触碰管壁，不能保证气体温度不变，压强及体积测量精度不高，数据处理不便捷。改进器材优点是传感器便捷灵敏、精度较高，处理数据方便准确，直观性强。缺点是气体体积变化范围较小；注射器未固定、读数不便；改变气体体积时，双手容易触碰注射器管壁，不易保证等温；未将各部分集成，易丢失损坏器材。

误差分析：实验过程中有可能漏气；手碰触注射器壁，温度会发生变化；体积变化过快；体积读数误差较大且可调节范围较小；方案一数据处理不方便；方案二学生之间配合不默契等。

教师活动：引导学生思考，能否找到一种方案，既能保留两种方案的优点，还能改进不足。

3. 教师演示，总结提升

学生自主探究、分组讨论、分析误差后，教师展示自制数字化气体等温变化演示仪并简要说明其构造、原理和操作步骤，进行演示实验并引导学生从实验结果归纳出玻意耳定律。

仪器：大容量注射器、螺丝螺杆、自制集成装置（电源、传感器、微控制器、蓝牙、步进电机）、独立编写的软件程序。

结论：一定质量的某种气体，在温度不变的情况下，其压强 p 与体积 V 成反比。

设计意图：自制教具使用固定的大容量注射器，气体可调节范围较大，且便于读数。利用步进电机驱动螺丝螺杆，可进可退，可均匀准确改变气体体积。将电源、传感器、微控制器、蓝牙、步进电机等装置进行了集成，器材便于携带。独立编写的软件程序集数据采集、处理为一体，更加直观便捷。

4.情境再现，素养提升

学生回顾课堂开始的趣味气球实验，运用刚刚学习的玻意耳定律解释实验现象。教师引导学生深入思考：炎炎夏日，自行车车胎为什么不能充气过足？打瘪的乒乓球怎么才能让其恢复原状？

设计意图：让学生运用新知识解释生活中的热学现象，明确物理与社会生活联系紧密。同时设问，引发学生思考并为下节课做铺垫。

【**学习收获**】

1.课堂中充分融合了现代信息技术，学生能够意识到传统实验器材的不足和局限性。

2.学生的思维障碍得到有效突破，学生在亲身探究物理规律的同时物理核心素养得到提升，利于学生全面发展。

八 板书设计

第二节　利用自制数字化教具探究气体等温变化的规律
一、探究气体等温变化的规律
1.操作：封闭一定质量的气体，确保气体温度不变，测量气体的压强和体积，探究等温状态下气体压强和体积的关系。
2.方法：控制变量法。
3.误差分析：对比传统器材、改进器材优缺点。

续表

第二节　利用自制数字化教具探究气体等温变化的规律
二、玻意耳定律 内容：一定质量的某种气体，在温度不变的情况下，其压强 p 与体积 V 成反比。

专家点评

　　《普通高中物理课程标准（2017年版2020年修订）》对本节的要求是通过实验，了解气体实验定律。为此李珂、石丽华、赵洪芳三位老师通过探究性分组实验，引导学生探究了等温条件下，一定质量气体压强与体积的关系，既强化了对三个状态参量的理解，又为下一节探究等压和等容变化规律打下了基础，具有承上启下的作用。

　　在教学设计环节，三位老师引入"庆典活动上升空的气球状态的变化"和"吹不大的气球"两个课前趣味问题，带入感非常强。有了对压强、温度、体积三个状态参量间的定性分析后，引导学生利用控制变量法一步一步设计实验来定量探究，并进行实验操作，从而发现实验过程中的不足。在实验改进方面让学生思考、讨论改进方案，最后引出自创实验装置，并和学生一起操作实验、分析数据、得出结论。有了上面实验规律的探究，三位老师最后又回扣了引课时的趣味问题，使整节课环节齐全、节奏紧凑，有效调动学生自我学习、探究的积极性，从而提升学生科学探究的核心素养能力。

　　本节实验教学案例的最大亮点是三位老师的创新实验，以传统实验原理为基础，将步进电机、高精度压强传感器、蓝牙、控制单元、电脑软件等融于一体，使整个实验装置结构紧凑，操作方便，数据获取简单、快捷，能有效地避开传统实验的诸多不足，使实验结果更加准确。新科技、新手段的加入，不仅使学生的思维障碍得到突破，更有利于学生在探索物理规律时养成精益求精的良好习惯，从而使学生物理核心素养得到进一步提升。

"气体实验定律"实验教学创新案例

教科书版本及对应章节：山东科学技术出版社《普通高中教科书 物理 选择性必修 第三册》第一章第五节

授课年级：高中二年级

设计人：福建省莆田市第二中学　梁林　陈剑峰

一　教材分析

该部分主要介绍了理想气体的玻意耳定律、查理定理、盖－吕萨克定律。《普通高中物理课程标准（2017 年版 2020 年修订）》中要求学生通过实验，了解气体实验定律。进而体会物理模型、情境的构建在解决物理问题中的重要意义。

二　学情分析

学生已掌握通过温度、体积、压强描述气体的状态，但是并不清楚三个状态参量之间的联系。学生已经有一定的热学基础知识，并掌握基本实验的探究方法——控制变量法，会使用传感器进行测量，这为本节课的学习奠定了良好的基础。

通过查阅不同版本教材，对于探究气体体积与压强的关系，人教版和鲁科版中均设计了探究实验，传统的实验采用指针式气压计测量压强（精度低，指针抖动明显，读数困难），仪器中内管封存一段较长气柱，该气柱体积无法测得，最后对气体体积的测量造成较大误差。

对于探究气体体积与温度的关系，鲁科版教材设计了实验。实验中以水银温度计测得烧杯中水的温度来表示气体温度，实践发现两者之间存在较大误差，水银易挥发、有剧毒，不宜在教室内开放使用。实验室还配备了这套装置用于分析该变化过程，当瓶内气体温度升高 0.2 ℃时，水柱就会溢出，可调节范围很小。

鉴于此，教师在教学过程中只能选择"照本宣科"，造成学生对气体的变化过程的感性认识过于浅薄，对三个状态参量的变化关系存在疑问。

基于以上问题，创新设计了实验装置，试图通过实验探究让学生更加直观地认知温度、体积、压强三者之间存在的联系，从而解决气体教学过程中存在的困难。

三 学习目标

依据新修订的课程标准的要求，制定了如下教学目标：

1. 物理观念：

（1）理解气体实验定律的内涵。

（2）能用气体实验定律解释生活中的相关现象，形成与气体实验定律相关的物质观念、运动与相互作用观念。

2. 科学思维：

能从微观和宏观视角综合分析物理问题，有统计分析、逻辑推理的意识。

能用分子动理论和统计观点解释气体压强和气体实验定律。

3. 科学探究：

（1）能通过实验探究，设计实验步骤，用相关仪器完成实验并获得实验数据。

（2）通过实验探究，学习用图像对实验数据进行处理与分析并最终得出实验结论，体验科学探究过程。

4.科学态度与价值观：

（1）感受物理技术在认知自然规律过程中的重要作用。

（2）利用小组合作探究，培养学生勇于表达的能力和严谨表达科学语言的能力。

四 教学重难点

教学重点：通过实验自主探究得出气体实验定律的内容，并能进行数据处理与分析，最终得出具体结论。

教学难点：利用气体状态方程分析和解释生活、生产中的实际问题，即构建实际问题模型的过程。

五 教学准备

教学法：小组合作。

实验装置（图1）的核心部分是利用开发板搭建的气压与温度传感器，采集压强和温度，可通过蓝牙连接平板电脑，利用实验专用 App 读取实时压强与温度，利用 Excel 表格对数据进行处理。

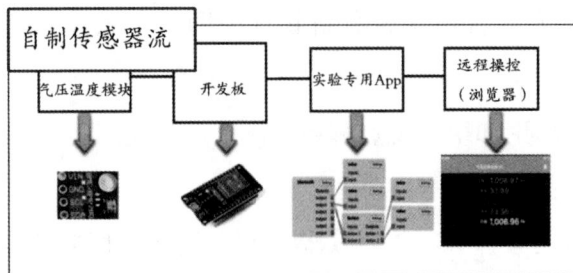

图1

图 2 是探究气体压强和体积关系的装置。设计卡扣式推进器，推动活塞，可停留在任意位置。在注射器顶端内嵌一个压强传感器，减小对接管中的气柱对实验结果的影响。我们还在注射器 100 mL 位置打一小孔，此时注射器内封存 1 标准大气压下 100 mL 的气体。推动活塞改变气体体积获取多组数据。

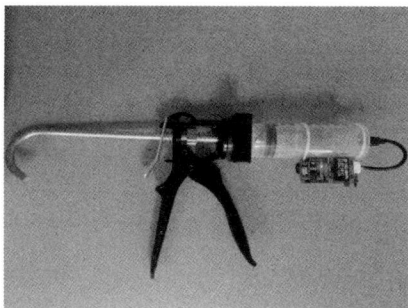

图 2

利用该套装置（图 3）研究气体压强与温度的关系，通过内置传感器测量瓶内气体的压强与温度。不断改变瓶内气体的温度，分别记录压强与温度的数据用以研究压强和温度的关系。实践发现，温度改变，压强迅速变化，由于气体导热性较差，导致气体内部温度不均，所测温度严重滞后。经过不断地尝试，最终采用小体积的容器，内置小风扇来加速气体的流动，有效解决了以上的问题。

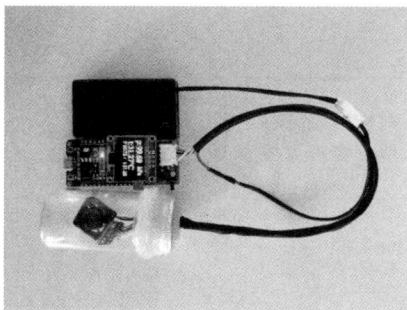

图 3

如图 4 所示，该套装置研究气体体积与温度的关系，利用内置传感器测量瓶内气体的压强与温度。我们通过注射器抽取瓶中的水从而增大气体的体积，抽取水的体积即为气体体积的变化量。瓶内的气体压强会立即减小，那么如何控制瓶内压强恒定呢？我们对容器瓶水浴加热，升高气体温度来增大压强，当气体压强与初始压强相同时，记录此时温度的变化量。多次实验得到体积和温度的关系。该套装置温度的变化范围可达实验室原配备装置的数十倍，操作方便，数据更加科学。（在前期实验探究中，利用注射器抽取气体，发现气体容易被压缩，体积测量不准确，注射器内气体与瓶中气体存在较大温差）

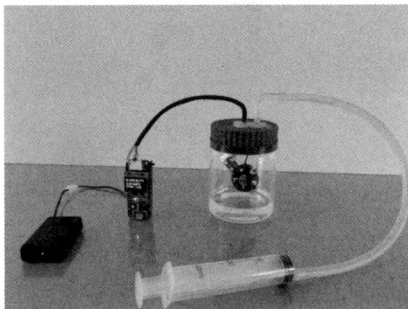

图 4

六 教学流程图（图 5）

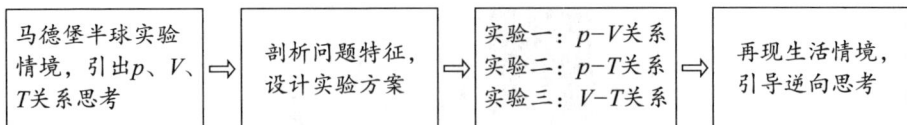

| 马德堡半球实验情境，引出p、V、T关系思考 | ⇒ | 剖析问题特征，设计实验方案 | ⇒ | 实验一：p-V关系
实验二：p-T关系
实验三：V-T关系 | ⇒ | 再现生活情境，引导逆向思考 |

图 5

七 **教学过程描述**

【情境导入】

利用自制马德堡半球（图6）实验，让学生思考压强、体积、温度三者之间的关系，导入新课。

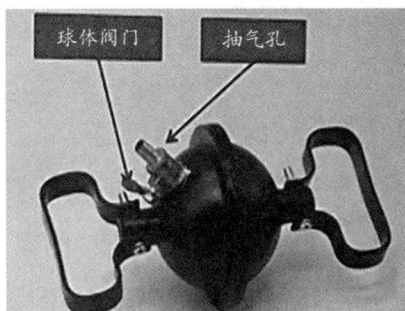

球体阀门　　抽气孔

图6

【新课引入】

1.创设物理情景，建立物理概念

生活中的很多现象说明，一定质量的气体，其压强、温度、体积之间存在某种关系。采用控制变量法进行探究，从而设计了三种实验装置。

2.剖析问题特征，设计实验方案

分组实验探究。

实验一：探究一定质量气体的等温变化过程

通过上一节的研究，了解到在温度保持不变的条件下，气体压强和体积之间存在一定的联系。

利用自制教具让学生进行分组实验探究。利用注射器封闭一定质量气体，通过推动活塞，等体积地压缩气体，记录压强传感器上的示数。

学生对获取的气体压强和体积的数据进行处理和分析，根据实验数据所作的 p-V 图像是一条曲线。让学生根据已有的知识进行猜想、尝试，更加准确描述气体压强和体积之间的关系。以下是学生数据处理的场景（图 7）。

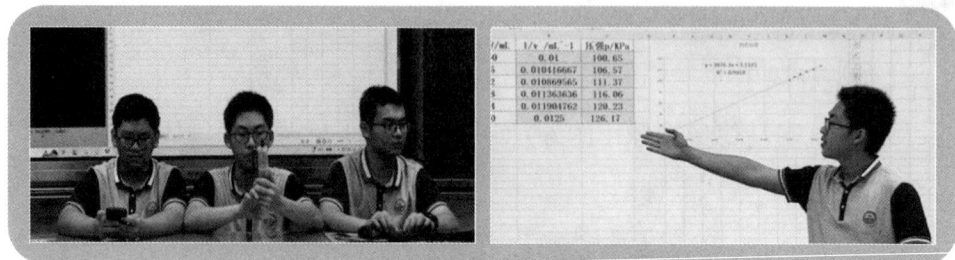

图 7

实验二：探究一定质量气体的等容变化过程

（1）问题情境导入：准备一个吹饱满的气球，接近胀破，放盆里，分别向气球上浇热水和冷水，观察气球会发生怎样的变化。

（2）在容器中封闭一定质量的气体，用密封圈防止漏气。将容器放置于恒温水浴中，通过逐渐增加恒温水浴的温度，待稳定后记录温度传感器和压强传感器上的数据。

（3）进行多组实验，利用绘图软件得到气体的 p–T 图像。以下是学生数据处理的场景（图 8）。

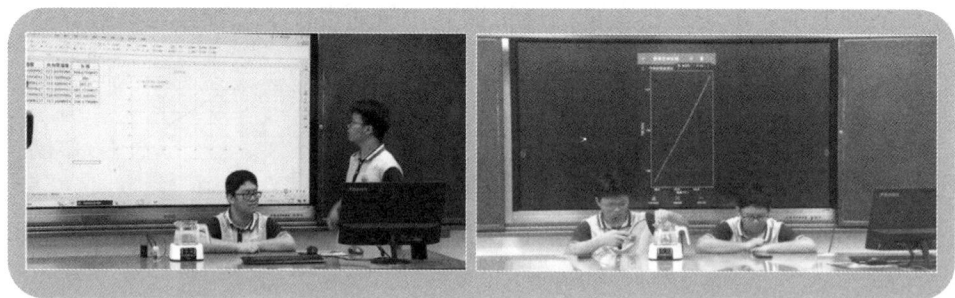

图 8

实验三：探究一定质量气体的等压变化过程

（1）问题情境导入：用红色液体封闭烧瓶内的气体，用双手捂住烧瓶，观察红色液体移动变化情况。

（2）在容器瓶中封闭一定质量的气体，容器底部有一定体积的水溶液，将容器瓶放置于恒温水浴中。利用注射器每次抽出相同体积的水，逐渐增大恒温水浴的温度，待气体压强传感器的压强每次达到相同数值时，记录此时的注射器体积和温度传感器上的温度。

（3）进行多组实验，利用绘图软件得到气体的 V-T 图像。以下是学生数据处理的场景（图9）。

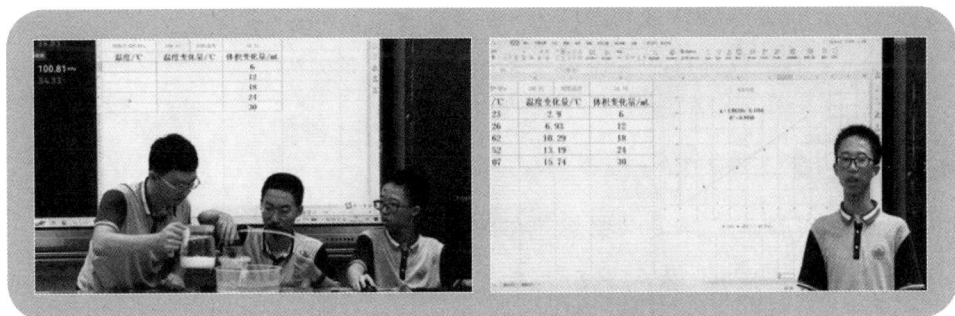

图9

【学习收获】

1. 通过本节课的学习，你有哪些收获？

（1）学习了利用控制变量法探究气体 p、V、T 三者之间的关系。

（2）等温变化过程：压强与体积成反比关系。

等容变化过程：压强与温度成正比关系。

等压变化过程：体积与温度成正比关系。

2. 解释引入课题时的问题"马德堡半球实验能成功的原因"。

【作业布置】

课后自制一个能证明 p、V、T 三者关系的小实验，写出实验原理、实验仪器、操作过程、实验数据、实验结论等。学生之间相互交流。

八 板书设计

第五节　气体实验定律
马德堡半球实验: p、V、T 之间的关系。 实验设计方案 1. 实验一: 探究气体压强和体积关系温度一定, $p \propto \dfrac{1}{V}$。 2. 实验二: 探究气体压强和温度关系体积一定, $p \propto T$。 3. 实验三: 探究气体体积和温度关系压强一定, $V \propto T$。

专家点评

　　气体实验三定律是以理想气体为模型, 利用真实气体经过大量实验探究得出的压强 p、体积 V 和温度 T 三个宏观参数间的关系。

　　梁林、陈剑峰两位老师认真分析了教材上的实验方案, 结合实验室里的仪器和操作过程中出现的问题, 发现教材给出的实验方案在操作时会出现较大的实验误差, 且操作不方便, 调节范围小。为此两位老师发挥自己的特长, 自制压强、温度传感器, 改进密封气体装置, 使三个实验的操作、读数、数据处理更加方便, 结果更加准确。

　　本实验最大的创新亮点是两位老师利用开发板搭建的气压、温度传感器, 利用实验专用 App 读取实时压强与温度数据, 利用 Excel 表格对数据进行处理。在快速、准确地获得实验数据的同时, 给学生留了更多探究实验规律的空间, 有利于学生发散思维的形成, 同时也有助于培养学生的科学探究能力。

　　两位老师除了在传感器方面下足了功夫外, 在设计实验装置的各个方面也都进行了精心处理, 主要表现如下:

　　(1) 在探究气体压强和体积关系的装置中, 设计卡扣式推进器, 可使活塞停留在任意位置; 在注射器顶端内嵌一个压强传感器, 减小接管中的气柱对实验结果的影响；在注射器 100 mL 位置打一小孔，使封存的气体在 1 标准大气压下刚好为 100 mL。

（2）在研究气体压强与温度关系的装置中，内置小风扇加速气体的流动，从而解决了气体内部温度不均、所测温度严重滞后的问题。

（3）在研究气体体积与温度关系的装置中，通过注射器抽取瓶中的水，利用抽取水的体积反映气体体积的变化量，思路设计非常巧妙。

在实验教学过程中，两位老师以马德堡半球实验来引课，让学生定性思考压强、体积、温度三者之间的关系。在探究三个实验定律的过程中，从实验方案的设计、实验的操作、实验数据的获得，到实验数据的处理、分析，两位老师不断引导、启发，使学生真正经历一个问题思考、结果猜想、实验设计以及合作探究的过程。从而养成多观察、多思考、多动手的良好习惯，落实了物理课程标准中对科学探究能力培养的要求。

本节实验教学案例的不足之处是整节课容量较大，所有学生很难在一节课时间内把这三个实验全部做完，可以尝试分组来做，然后各小组进行组内讨论交流。

第三部分

结语

本书展示的教学案例，均是全国物理实验教学说课活动的入围案例。从这些案例可以看出，越来越多的教师能够依据物理课程标准设计实验教学过程，能够结合课题比较自然、恰当的设计教学目标，重视培养学生的思维能力，关注核心素养的培养和实验过程的体验。教师的教学素质高，实验设计和改进有创意，亮点纷呈：

1. 信息技术与物理教学的融合更为深入，信息技术和信息化手段更为丰富，形式更为多样化。教师将手机 App 软件、传感器、实验数据处理方法等教育技术手段融入物理实验教学中，能够有效提高实验数据的精度，缩短实验教学时间，使实验现象的可视化程度提高，改善了实验效果，提高了教学效率，为学生提供了多样的实践体验和探究性学习环境。

2. 跨学科主题实验精彩纷呈。《普通高中物理课程标准（2017 年版 2020 年修订）》实施建议中提出物理学习要倡导基于项目的学习或整合学习等方法，促进学生基于真实情境下学科和跨学科问题解决能力的发展。目的是要加强学科间的相互关联，带动课程综合化实施，强化实践性要求。跨学科实践突出物理知识，逼近真实问题情境，体现物理学与日常生活、工程实践、社会发展密切相关，能够培养学生跨学科运用物理知识的能力、分析和解决问题的综合能力、动手操作的实践能力。

3. 研究方法的迁移提高了实验设计水平。例如江苏省梁丰高级中学刘康老师的《光的偏振》实验，自制光的偏振演示仪，形象的向学生展示了机械波传播过程的偏振现象，帮助学生理解光的偏振，完成了知识迁移，提升了学生的科学探究素养。

4. 用实验教具解决习题教学的难点。内蒙古包头市回民中学的张波老师的"实验验证动态平衡"，实验仪器自主设计，虽然不够精致，但是教学中却非常实用，能解决学生思维的障碍点。实验结果和理论推导很吻合，验证了抽象的物理理论。

另外随着物理实验教学改革的不断深化，我们也要清醒地认识到：

1. 实验教学科学性与严谨性不容忽视。部分教师在设计实验时，没有特别关注到物理实验的条件，从而影响了实验效果。只有对物理知识理解准确、思考深入，才会避免实验改进或课堂教学中出现的科学性错误。学科专业知识不能忽视，更不能遗忘。基础教育拔尖创新人才的培养，更需要教师有扎实的专业功底，有宽广的跨学科知识，有较高的科学素养。专业成长不能仅停留在与信息技术融合、教学方法上，对于物理教师来说，学科的专业知识是关键。

2. 进一步规范实验操作，提升物理实验素养。实验改进的目的是复杂问题简单化，而不能简单问题复杂化。物理教师要熟悉误差理论，会分析系统误差产生的原因，这样才能找到减小误差的方法，明确误差和相对误差多大才能符合物理实验的要求，这是物理教师应该熟悉的问题。

3. 恰当选择定性、半定量和定量实验。当需要定量测量得出物理规律时，要关注学生数学知识的基础，高中教学可以设计半定量或定量测量的实验，但应注意定量测量的实验条件（或实验环境）的优化处理方式，做好对比实验，合理得出结论。

4. 物理实验要可再现。各种赛课活动让教师视频制作能力逐年提高，但物理是实验的科学，要尽可能再现实验过程，而不能仅仅依靠提前录制的视频去代替实验的展示过程。

期待各级教育部门能进一步加强行政干预和规范指导，将实验教学作为课程体系的重要内容纳入学科教学基本规范，用制度保障实验教学，把实验教学的先进理念落实到课堂上。

——记于 2023 年第九届全国中小学实验教学说课评审现场